Peter Gay
Mozart

Peter Gay

Mozart

Aus dem Englischen von
Ulrich Enderwitz

Claassen

Die Originalausgabe erschien zuerst 1999 unter dem Titel
Mozart
bei Viking Penguin, New York

Der Claassen Verlag ist ein Unternehmen
der Econ Ullstein List Verlag GmbH & Co. KG

ISBN 3-546-00227-X

Für Leon Plantinga
In Freundschaft und Dankbarkeit

INHALT

Eins

Das Wunderkind

Mozarts Leben ist der Triumph des Genies über die Frühreife. Etliche Fünf- oder Sechsjährige waren damals imstande, nette Variationen über ein Thema zu improvisieren oder stimmige Melodien einem Cembalo zu entlocken, dessen Tasten verdeckt waren, sodass der Spieler seine Hände nicht sehen konnte. Im Unterschied aber zu den übrigen Wunderkindern um die Mitte des 18. Jahrhunderts entwickelte Mozart seine Einfälle und seine Darbietungen zu atemberaubender Schönheit weiter und bewies auch nie die mindeste Neigung, zu jenem normalen Jugendlichen zu verblassen, der von jeher Wunderkindern den Garaus gemacht hat. Im Laufe eines traurig verkürzten Lebens – er starb am 5. Dezember 1791 im Alter von nur fünfunddreißig Jahren – eroberte sich Mozart einen Platz auf dem dünn besiedelten Olymp der großen Komponisten.

Wie nicht anders zu erwarten, verwandelten glühende Verehrer Mozart von Kindheit an in eine Berühmtheit, deren Leben sie unter Legenden begruben. Und auch die wissenschaftlichen Bemühungen moderner Biographen haben es nicht vermocht, die Bilder zu verscheuchen, die begeisterte Musikliebhaber bei der Erwähnung seines Namens beschwören: Mozart, das eigenwillige Kind, das aus den Kinderschuhen nicht herauszuwachsen vermag; der Hexenmeister, der alle so sehr in Bann schlägt, dass keiner auch nur einen Augenblick lang seine Authentizität in Frage stellt; der Wunderwirker, der bei seinen blitzartigen musikalischen Einfällen und Improvisationen nie auch nur eine einzige Note zu ändern brauchte; der ausgebrannte Vulkan, der den geheimnisvollen Auftrag, ein Requiem zu komponieren, als göttlichen Hinweis auf den eigenen bevorstehenden Tod begreift; das menschliche Wrack, das in einem Armengrab verscharrt wird. Nicht einmal sein Name hat unversehrt überlebt: Mozart verwendete selten den latinisierten zweiten Vornamen Amadeus und zog fast immer das französische Amadé vor.

Im Großen und Ganzen sind diese zählebigen Klischees eher Verzerrungen als Erdichtungen; in den meisten steckt, wie wir sehen werden, ein Körnchen Wahrheit. Aber viele Musikliebhaber (wie auch Begeisterte in anderen Sparten) erwarten von dem außerordentlichen Talent einen nicht minder außerordentlichen Verlauf seines Lebens voller denkwürdiger Begebenheiten, dramatischer Wendepunkte und umwerfender Großtaten, die für normale Sterbliche unerreichbar, ja unvorstellbar bleiben. Mozarts musikalisches Wirken ist indes auch ohne biographische Ausschmückungen faszinierend genug; seine Genialität wird durch prosaische Wahrheiten über sein Leben nicht in Frage gestellt.

Denn Mozart *war* ein Genie, und diesen Rang kann ihm auch der nüchternste Biograph nicht streitig machen. Der betagte Goethe, der als junger Mann den Siebenjährigen bei einem Konzert in Frankfurt erlebte, hielt ihn für »etwas Unerreichbares in der Musik« und stellte ihn in eine Reihe mit Raffael und Shakespeare.[1] Goethe bestimmte Genie als »jene produktive Kraft, wodurch Taten entstehen, die vor Gott und der Natur sich zeigen können und die eben deswegen Folgen haben und von Dauer sind. Alle Werke Mozarts sind dieser Art ...«[2] Wenn deshalb der Vater des jungen Mozart den Sohn als »Wunder der Natur« bezeichnete, war das kein bloßer Reklamegag.[3] Mozarts Sinfonien und Klavierkonzerte, Sonaten für Klavier und für Violine, Kammermusikstücke und Divertimenti, Opern, Konzertarien und Messen erreichten ein Niveau, dem sich anzunähern nur wenige Komponisten je haben hoffen können. Joseph Haydn, der andere Komponisten mit der Autorität beurteilen konnte, die ihm die eigene Leistung verlieh, tat gegenüber Mozarts Vater die berühmt gewordene Äußerung: »Ich sage Ihnen vor Gott und als ein ehrlicher Mann, dass ich Ihren Sohn für den grössten Componisten anerkenne, von denen ich nur immer

---

[1] Johann Peter Eckermann, *Gespräche mit Goethe in den letzten Jahren seines Lebens*, in: Goethe, *Gedenkausgabe der Werke, Briefe und Gespräche*, 27 Bde. (1949–64), Bd. 24, S. 390, 373–74.
[2] Ebd., S. 673.
[3] Leopold Mozart an Lorenz Hagenauer, 22. Februar 1764, *Mozart: Briefe und Aufzeichnungen*, hrsg. von Wilhelm A. Bauers, Otto Erich Deutsch und Joseph Heinz Eibl, 7 Bde. (1962–75), Bd. 1, S. 131. Im Folgenden zitiert als *Briefe*.

gehört habe; er hat Geschmack und besitzt die gründlichsten Kenntnisse in der Kunst der Composition.«[4] Im Jahre 1787 – Mozart war damals einunddreißig – lehnte Haydn, den man aus Prag einlud, eine Opera buffa zu schreiben, ab und verwies auf Mozart: »Denn könnte ich jedem Musikfreunde, besonders aber den Großen, die unnachahmlichen Arbeiten Mozarts, so *tief* und mit einem solchen *musikalischen Verstande*, mit einer so großen *Empfindung* in die Seele prägen, als ich sie begreife und empfinde: so würden die Nationen wetteifern, ein solches Kleinod in ihren Ringmauern zu besitzen.«[5]

Joannes Christostomos Wolfgang Gottlieb Mozart kam am 27. Januar 1756 als siebentes und letztes Kind von Leopold und Anna Maria Mozart, geb. Pertl, in Salzburg zur Welt. Fünf seiner Geschwister starben in ihren frühen Kinderjahren, und außer ihm überlebte nur eine Schwester, die vier Jahre älter war als er: Maria Walburga Ignatia, Nannerl gerufen. Eine solche schreckliche Bilanz war in Mozarts Jahrhundert gang und gäbe, selbst unter den Wohlhabenden; Edward Gibbons Vater etwa gab jedem seiner sechs Söhne den gleichen Vornamen, in der – wie sich herausstellte, berechtigten – Erwartung, dass nur einer von ihnen das Erwachsenenalter erreichen würde.

---

[4] Georg Nikolaus von Nissen, *Biographie W. A. Mozart's*, Leipzig 1828, S. 642.
[5] Otto Erich Deutsch (Hrsg.), *Mozart: Die Dokumente seines Lebens*, Leipzig 1961, S. 271.

Mozarts Vater Leopold, der im Leben seines Sohnes eine herausragende Rolle spielte, war ein gut ausgebildeter Berufsmusiker, der als Violinist und stellvertretender Dirigent – Kapellmeister – in Diensten des Erzbischofs von Salzburg stand. Sein Lehrbuch aus dem Jahre 1756 über die Kunst des Geigenspiels – *Versuch einer gründlichen Violinschule* – machte seinen Namen in ganz Europa bekannt. »... die trefflichsten Violinisten, die Deutschland in der zweiten Hälfte des achtzehnten Jahrhunderts besessen«, bemerkte ein zeitgenössischer Beobachter, »sind durch dasselbe gebildet worden«.[6] Maßgebende Abhandlungen über Vortragskunst waren damals an der Tagesordnung. Nur vier Jahre zuvor hatte der Flötist Johann Joachim Quantz ein einflussreiches Lehrbuch über den Umgang mit der Querflöte geschrieben. Hätte Leopold Mozart eine Autobiographie verfasst, hätte er sich allerdings mit Sicherheit als fruchtbarer und vielseitiger Komponist präsentiert. Mit seinen Kompositionen neigte er zwar der heiteren Muse zu, aber auf Verlangen konnte er auch eine Messe oder ein Oratorium, eine Sinfonie oder ein Konzert liefern. Wenngleich ein paar zeitgenössische Musikkritiker ihm das Attribut »berühmt« zubilligten, haben nur eine Hand voll seiner Werke im Repertoire überlebt. Seine »Musikalische Schlittenfahrt«, ein sechsteiliges Programmmusikstück, wird gelegentlich noch aufgeführt. Was ihm indes an Ruhm geblieben ist, steht und fällt mit der Tatsache, dass er Mozarts Vater war.

---

[6] Nissen, a. a. O., S. 8.

Wie seine umfängliche Korrespondenz belegt, war Leopold Mozart ein Reisender, der die Augen offen hielt und sich nebenbei als Sozialhistoriker betätigte; seine seitenlangen Briefe, die er aus London, München, Paris, Wien, Mailand und aus kleineren Städten nach Hause schrieb, bieten genaue und wertvolle Auskünfte über Bevölkerung und Sitten, Preise und gesundheitliche Verhältnisse, die Einstellung der höheren Stände zur Musik – das heißt darüber, wie die Darbietungen der Mozarts ankamen – sowie über amüsante Vorfälle, die Leopold anschaulich zu schildern wusste. Ein weiteres Thema, mit dem er seine Briefpartner, soweit es sich um enge Vertraute handelte, gern traktierte, war sein Gesundheitszustand – er führte mit peinlicher Sorgfalt und in allen Einzelheiten Buch über seine vielen Wehwehchen wie auch über die von ihm eingenommenen Arzneien, wobei er nicht versäumte, die genaue Dosis festzuhalten, die sich für ihn am heilsamsten erwiesen hatte.

Leopold Mozart schrieb zwar lebendige Briefe, er war aber auch ein strenger, sehr von sich eingenommener Schulmeister. Der irische Tenor Michael Kelly, der jahrelang in Wien sang und in Mozarts *Le nozze di Figaro* mitwirkte, behielt ihn als »bemerkenswert kleinen Mann« in Erinnerung.[7] Aber nicht jedermann fand ihn angenehm. Seine Lieblingsschüler – die eigenen Kinder – erlebten ihn als fordernden, wenn auch kompetenten Lehrer. »Sie wissen«, schrieb er im Jahre 1766, als Nan-

---

7 Deutsch, a. a. O., S. 457.

nerl vierzehn und Mozart zehn war, an einen
Freund,»daß meine Kinder zur arbeit gewohnt
sind.«[8] Er versuchte sogar noch, die musikalischen
Übungen seiner Tochter zu kontrollieren, während
er mit seinem Sohn auf Konzertreise war. Anfang
1770, in einem Brief aus Mailand, erkundigte er
sich besorgt bei seiner Frau:»spielt die Nannerl
fleisig den flügel?«[9] Die Bilder, die wir von ihm
besitzen, deuten auf einen strengen, unnachgiebi-
gen Menschen. Das auffälligste Merkmal, das er
Nannerl und Wolfgang vererbte, war seine stattli-
che Nase. Was er den beiden an nicht ins Auge
springenden Zügen mitgab, ist schwieriger zu beurteilen.

Mozarts Mutter ging mit dem Ehrgeiz, den ihr
Mann für die Kinder hegte, konform, widersetzte
sich ihm in keiner Weise; gelegentlich allerdings
wirkte sie mäßigend auf die übertriebenen Anforderungen ein, die der Vater an Nannerl und Wolferl stellte. Sie hatte keine Mitgift in die Ehe gebracht, was Leopold Mozart trocken mit»Orden
der geflickten hosen« umschrieb.[10] Ihre Armut
aber machte sie dadurch wett, dass sie dem Leben
weniger verkrampft gegenüberstand, von Ängsten
und Ressentiments weniger erfüllt war als ihr
Mann. Reisetüchtig, wie sie war, begleitete sie ihre
Familie auf mehreren ausgedehnten Konzert-

---

[8] Leopold Mozart an Lorenz Hagenauer, 10. November 1766,
    a. a. O., S. 232.
[9] Leopold Mozart an seine Frau, 3. Februar 1770, ebd., S. 312.
[10] Leopold Mozart an Lorenz Hagenauer, 27. November 1764,
    a. a. O., Bd. 2, S. 176.

tourneen. Stets gut gelaunt, bildete sie einen will-
kommenen Kontrast zu der fast paranoiden Men-
schenfeindlichkeit ihres Mannes. Schaut man sich
ihre Familie an, kann als Glück gelten, dass sie
offenbar Musik liebte. Ihre oberste Pflicht aber,
wie sie ihren Kindern zuverlässig zu vermit-
teln wusste, bestand darin, ihrem Ehemann zu
dienen. Seine Stimmungen verdienten genaueste
Beachtung, seine Ansprüche waren unfehlbar vernünftig.

Zu Mozarts Zeit beherbergte die Stadt Salzburg zusammen mit der nach ihr benannten
Umgebung rund 17000 Einwohner, was nach
damaligen Maßstäben nicht wenig war. Als kleines,
halb unabhängiges Land, eingeklemmt zwischen
dem westlich gelegenen Bayern und dem Territo-
rium des Habsburger Reiches im Osten, war Salzburg, das wie der größte Teil Mitteleuropas dem
verfallenden Heiligen Römischen Reich Deutscher
Nation angehörte, hauptsächlich Einflüssen aus
Wien ausgesetzt; seine Staatsgeschäfte betrieb es im
Großen und Ganzen so, als gehörte es zum habs-
burgischen Hoheitsgebiet. Seit vielen Jahrhunderten wurde es bereits von Erzbischöfen regiert, die
mit untertäniger Hilfe eines Bürgermeisters und
eines Stadtrats über die Finanzen, die Erziehung
und über die kirchlichen und staatlichen Angelegenheiten entschieden. Was die Stadtbevölkerung an
Musik, Theateraufführungen oder Festen genießen
konnte, verdankte sie ebenfalls dem Erzbischof.

Wie im Laufe des 18. Jahrhunderts Reisende
auf der Suche nach wildromantischen, maleri-
schen Naturlandschaften entdeckten, bot Salz-

burg herrliche Ausblicke. Die an der Salzach gelegene und ringsum von Bergen umgebene Stadt, in der Mozart aufwuchs, war außerdem reich an schmucken Bürgerhäusern und eindrucksvollen öffentlichen Bauten – einer Kathedrale, Kirchen, der Universität –, vornehmlich aus dem 17. Jahrhundert. Die Szenerie Salzburgs erinnerte Besucher an eine Stadt aus der späten Renaissance; auf Mozart müssen die italienischen Städte, die er besuchte, einen ganz vertrauten Eindruck gemacht haben.

Salzburg war eine Handelsstadt; ihre Domäne waren die Geschäfte. Bürgerstatus genossen nur Haushaltsvorstände mit ordentlichem Beruf – Bankiers, Importkaufleute, Großhändler, Gewürzhändler und Tuchfabrikanten –; zu Mozarts Lebzeiten waren es an die fünfhundert Patrizier, ein Siebentel oder Achtel der Männer in der Stadt. Als Bürger waren die Betreffenden berechtigt, ein öffentliches Amt zu bekleiden; praktisch monopolisierten sie die Stadtverwaltung.

Über diese eindeutige, rechtlich verankerte Schranke der Zugehörigkeit zum Bürgerstand vermochten sich allerdings Männer mit Talent und Fertigkeiten zumindest teilweise hinwegzusetzen, zumal wenn sie musikalisch begabt waren, da die Liebe zur Musik eine verbreitete, echte Leidenschaft war. Die Mozarts gehörten nicht dem Bürgerstand an, mischten sich aber gesellschaftlich mit ihm und verkehrten in diesen Kreisen normalerweise auf gleichem Fuß. Einer der engsten Freunde und vorzüglichsten Brieffreunde Leopold Mozarts war Johann Lorenz Hagenauer, ein bedeutender, wohlhabender

Gewürzhändler, der dem Kapellmeister auch als Bankier und Finanzberater diente und jahrelang Hauswirt der Familie Mozart war. Abgesehen von Passagen mit dem Vermerk »für sie allein« wurden Leopold Mozarts Briefe an Hagenauer unter Freunden und Bekannten in Salzburg herumgereicht. Kein Wunder, dass einige Salzburger fanden, diese Briefe verdienten, veröffentlicht zu werden.

Wie nicht anders zu erwarten, machten sich die Mozarts die sittlichen Maßstäbe des heimatlichen Bürgerstandes voll und ganz zu Eigen: man hatte fleißig zu arbeiten, sich in geschäftlichen Angelegenheiten ehrlich zu zeigen, eheliche Treue zu üben, Schulden prompt zurückzuzahlen. »du weist«, warnte Leopold Mozart im Jahre 1778 seinen Sohn, weil er fürchtete, dieser könne sich leichtsinnig verschulden, »ich stehe hier bey iederman in Credit –, so bald ich diesen verliere, ist auch meine Ehre hin«, und, so fügte er eigens hinzu, »du weist, daß die Ehre mir mehr als mein leben gilt«.[11] Gleichzeitig führten Leopold Mozart und später auch sein Sohn ein Doppelleben. Denn sie genossen zwar in den führenden Kreisen des Salzburger Bürgerstandes Ansehen, waren aber mehr oder minder untertänige Angestellte des Erzbischofs, dessen Gunst oder Missfallen praktisch über ihre Laufbahn entscheiden konnte.

Mozart, der ein offenes und zugewandtes Kind war, sehnte sich nach Zuneigung. Er suchte Zeichen lie-

---

[11] Leopold Mozart an seinen Sohn, 6. April 1778, ebd., S. 334–35.

bevoller Zuwendung, wo immer er sie finden oder wecken konnte. Wie der Vater berichtete, sprang der sechsjährige »Wolferl« bei einem Besuch in Wien der Kaiserin auf den Schoß, legte seine Arme um ihren Hals und küsste sie, offenbar in Erwartung einer entsprechenden Reaktion.[12] Im Sommer 1763, als er sieben war und sich auf einer Konzerttournee befand, packte ihn ein merkwürdiger Anfall von Heimweh: »Einmahl … fieng der Wolfgang: da er morgens erwachte, an zu weinen«, schrieb Leopold Mozart an Hagenauer. »Ich fragte warum: er sagte es ware ihm Leid, dass er den H: Hagenauer, H. Wenzl, Spizeder, Leitgeb, Deibl, Vogt, Caietan, Nazerl etc. und andere gute Freunde nicht sehe.«[13] Obwohl er mit Eltern und Schwester unterwegs war und von allen Seiten umworben wurde, fühlte er sich doch offenbar heimatlos und bedürftig. Franz Xaver Niemetschek, Mozarts erster Biograph, weiß zu berichten, dass sich der kleine Mozart immer wieder bei Leuten erkundigte, ob sie ihn liebten, und wenn sie es zum Spaß verneinten, verlor der sonst zu Scherzen und übermütigen Streichen aufgelegte Junge die Fassung und brach in Tränen aus.[14] Der traurige Schluss drängt sich auf, dass er nach mehr Liebe verlangte, als er von seinen Eltern erhielt.

---

[12] Leopold Mozart an Lorenz Hagenauer, 16. Oktober 1762, a. a. O., Bd. 1, S. 52–53.

[13] Leopold Mozart an Lorenz Hagenauer, 20. August 1763, ebd., S. 90.

[14] Franz Niemetschek, *Leben des K. K. Kapellmeisters Wolfgang Gottlieb Mozart nach Originalquellen beschrieben* (1798; 2. Aufl. 1808), hrsg. von Ernst Rychnovsky (1905), S. 13.

Doch seine musikalische Erziehung begann natürlich im Elternhaus. Als Leopold Mozart sich die Zeit nahm, die siebenjährige Nannerl in die Geheimnisse des Cembalos einzuweihen – sie bewies ein ausgeprägtes Talent für das Instrument –, regte das ihren dreijährigen Bruder an, es selber damit zu probieren. Um seiner Tochter den Umgang mit der Klaviatur beizubringen, hatte Leopold Mozart ein »Notenbuch« zusammengestellt, in dem er einfache Weisen zu einer schrittweisen Einführung in die Technik des Tastenspiels arrangierte. Dieses Übungsbuch hatte sich der kleine Bruder bald schon angeeignet. Als Grundlage für die frühe musikalische Entwicklung Mozarts gewann das »Notenbuch« historische Bedeutung. »Diesen Menuet und Trio hat der Wolfgangerl den 26ten Januarii einen Tag vor seinem 5ten Jahr um halbe 10 Uhr nachts in einer halben Stunde gelernt«, notierte der Vater mit stolzer Akribie und ungeheucheltem Staunen.[15] Ihm war nicht entgangen, dass es eine fast übernatürliche Leistung dieser Art verdiente, verewigt zu werden.

Kurz nachdem er fünf Jahre alt geworden war, machte Mozart den unvermeidlichen Sprung – unvermeidlich für ihn! – vom Musiker zum Komponisten. Zwei kurze Stücke für Klavier, die sein Vater getreulich ins Notizbuch eintrug, können als seine ersten Kompositionen gelten, sofern diese Auszeichnung nicht dem fast unleserlichen »Konzert« gebührt, das er einige Wochen zuvor hingekritzelt hatte. Von

---

[15] Siehe Leopold Mozarts Eintragungen im Notenbuch seiner Tochter, *Briefe*, Bd. 1, S. 48.

der Musik vollständig besessen, brachte Mozart wenig Zeit und Geduld für irgendetwas anderes auf; sogar in seine Kinderspiele fand sie Eingang. Und um seine Bekanntschaft mit der Muse zu vertiefen, brachte er sich, noch bevor er sieben Jahre alt war, das Geigenspiel bei. Nicht lange, so spielte er das Instrument gut genug, um öffentlich als Solist aufzutreten.

Leopold Mozart zögerte nicht lange, aus seinen viel versprechenden Kindern Kapital zu schlagen, und ganz gewiss nicht nur ihnen zum Wohl. Er sah in ihnen seine Altersversorgung. Eine kurze, dreiwöchige Tour nach München im Januar 1762 – Mozart war noch keine sechs Jahre alt – diente als Generalprobe für künftige größere Streifzüge. Der offensichtliche Erfolg der Unternehmung ermutigte zu einem längeren Aufenthalt in Wien gegen Ende des Jahres, bei dem es auf kaiserlichen Wunsch zu Konzerten und entsprechend großzügigen Gagen kam. Noch bevor die Mozarts einen Monat in Wien zugebracht hatten, konnte Leopold Mozart 120 Dukaten in seiner Salzburger Bank hinterlegen, mehr als ein Zweijahresgehalt.[16] In den Schatten gestellt wurden diese Streifzüge aber noch durch eine große Tournee, die für die Mozarts einen mehr als dreijährigen Auslandsaufenthalt bedeutete, der vom Juni 1763 bis zum November 1766 währte.

Am längsten hielten sie sich während dieser Tournee in den wichtigen Musikzentren auf: fünf

<hr />

[16] Leopold Mozart an Lorenz Hagenauer, 19. Oktober und 10. November 1762, ebd., S. 53, 61–62.

Monate in Paris, fünfzehn Monate in London und dann, auf dem Rückweg, weitere drei Monate in Paris; hinzu kamen häufige Reiseunterbrechungen, hauptsächlich in den deutschen Kleinstaaten und den Niederlanden, in größeren Handelsstädten und den verschlafenen Residenzstädten der Duodezfürstentümer.

Der Ruhm des Geschwister-Duos hatte sich über ganz Westeuropa verbreitet; die beiden erhielten reichlich Gelegenheit, das Publikum zu bezaubern und ihre frühreifen musikalischen Fertigkeiten unter Beweis zu stellen. In praktisch jeder Stadt durften die Mozarts gewiss sein, vom Landesfürsten, von Adligen und reichen Patriziern Einladungen zu erhalten; fast immer konnten sie damit rechnen, dass jedes Konzert die Einladung zu weiteren nach sich zog. In London waren Ankündigungen Mozart'scher Konzerte, die mindestens zum Teil von Leopold Mozart verfasst worden sein dürften, an die »Nobility and Gentry« gerichtet. Überall, wo sie auf ihrer Tournee hinkamen, wandten sich die Mozarts an solche vornehmen Kreise. »Hingegen haben wir auch keinen anderen Umgang als Noblessen oder andere distinguirte Personen«, schrieb Leopold Mozart im September 1663 aus Koblenz an Hagenauer. Da er das unbehagliche Gefühl hatte, dass sich solche Prahlerei nicht schicke, fügte er leicht defensiv hinzu: »und wenn es mir gleich nicht anstehet, daß ich es selbst sage; so ist es doch die wahrheit«.[17]

17 Leopold Mozart an Lorenz Hagenauer, 26. September 1763, ebd., S. 94.

Leopold Mozarts Reisenotizen und Briefe nach Salzburg belegen, dass es *wirklich* stimmte. In Paris, im Jahre 1764, speisten die Mozarts an der königlichen Tafel, und der achtjährige Wolfgang stand bei der Königin, küsste ihr wiederholt die Hände und ließ sich von ihr Leckereien in den Mund stecken. In London verbrachten sie Stunden mit der königlichen Familie und freundeten sich mit ihr regelrecht an. »Man hat uns an allen Höfen noch ganz ausserordentlich höflich begegnet: allein diese Art, die wir hier erfahren, übertrifft alle die andern«, schrieb Leopold Mozart an Hagenauer.[18] Von den Großen verwöhnt, konnte Leopold Mozart für die niederen Stände nur Verachtung empfinden; sie erschienen ihm abstoßend und, schlimmer noch, gottlos. Und die Holländer lehnte er ab, weil er sie »ein bischen grob« fand.[19]

Einige ernsthafte Erkrankungen zwangen die Mozarts auf ihrer großen Tournee, Pausen einzulegen. Es war noch das Zeitalter der Epidemien, und beide, Nannerl und Wolfgang, machten Bekanntschaft mit allen grassierenden Infektionskrankheiten, darunter auch mit einer milden Form der Pocken. Man unterschätzt leicht die mit einer so ausgedehnten Tournee verknüpften Gefahren und schieren Unbequemlichkeiten. Zugegeben, die dreijährige Rundreise der Mozarts durch Westeuropa,

---

[18] Leopold Mozart an Lorenz Hagenauer, 1. Februar und 28. Mai 1764, ebd., S. 123, 147–51, Zitat auf S. 149.

[19] Leopold Mozart an seine Frau, 26. Mai und 9. Juni 1770, ebd., S. 352, 359, 360; an Lorenz Hagenauer, 28. Mai 1764, ebd., S. 147.

die im Juni 1763 begann, fand unter günstigen Bedingungen statt. Nach sieben Jahren Krieg, der ganz Europa, Nordamerika und Indien in Mitleidenschaft gezogen hatte, herrschte wieder Frieden; die alten Gegner, Frankreich und Großbritannien, Preußen und die Habsburger sowie alle anderen Beteiligten hatten ihre Differenzen beigelegt. Im 18. Jahrhundert war Krieg natürlich weniger verheerend, als er es seitdem geworden ist. Die Trennlinie zwischen Zivilbevölkerungen und Streitkräften war noch klar und eindeutig; die großen Städte stellten noch keine Heimatfront dar, und das Theater- und Musikleben florierte kaum weniger als in Friedenszeiten. Dass Leopold Mozart den Siebenjährigen Krieg in seiner umfangreichen Korrespondenz nicht erwähnt, ist bezeichnend. Aber der Krieg hatte Reisen zwischen verfeindeten Hauptstädten stark behindert, und die Friedensverträge von 1763 beseitigten dieses Hemmnis. Von Paris nach London überzusiedeln, wie das die Mozarts im April 1764 taten, war ebenso leicht zu bewerkstelligen wie von Salzburg nach Wien (sieht man einmal von dem seekrank machenden Ärmelkanal ab).

Es gab indes andere, von der internationalen Situation ganz unabhängige Prüfungen. Der Zustand der Straßen, die allgegenwärtige Ansteckungsgefahr, die beunruhigende Erfahrung, ständig die Zelte abbrechen zu müssen, die ungewohnte Nahrung, das Erfordernis, neue Sprachen zu lernen (Vater und Sohn Mozart verstanden sich vorzüglich darauf) sowie, im südlichen Teil Italiens, jenseits von Rom, die Gefahr, von Straßenräubern überfallen zu werden – all das machte diese Fahrten sogar für so privilegierte Reisende wie die Mozarts zu einer riskanten Unternehmung. Auch an kleineren Belästigungen fehlte es nicht: Flöhe und Ungeziefer setzten den Reisenden zu. Wenn Vater und Sohn sich ein Bett teilen mussten, klagte der Sohn über zu wenig Schlaf; der Vater wiederum berichtete mehr amüsiert als verärgert, sein Sohn schnarche.

Die aufeinander folgenden Triumphe und mangelnde Sehnsucht nach Salzburg ließen die Mozarts ihre Heimkehr immer wieder hinausschieben. Sie schwelgten im Beifall, oft auch in der Zuneigung der Großen; unter dem Eindruck der Vergünstigungen und Gagen, in deren Genuss sie gelangten, erschien ihnen Salzburg finanziell, sozial und stimmungsmäßig wenig verlockend. Dort war Leopold Mozart nur ein schlecht bezahlter und wenig gewürdigter Diener.

Auch wenn jeder Aufenthalt zwangsläufig ein Lokalkolorit gewann, hatten doch alle viel gemeinsam. Die Mozarts gaben ein Konzert und erhielten zum Lohn dafür kostbare Schnupftabakdosen, goldene Uhren oder Geld, das ihnen nicht weniger lieb war. Sie bereiteten sich mit äußerster Sorgfalt auf die Auftritte vor; mehr als einmal berichtet Leopold Mozart, ohne sich dabei etwas zu denken, sie hätten sich »producirt«.[20] Von den Mächtigen umschmeichelten sie mit Geschick diejenigen, bei denen es ihnen wirklich lohnend erschien: Zweifellos auf Betreiben seines Vaters widmete der Knabe Mozart seine ersten Kompositionen Königinnen, Fürsten

---

[20] Leopold Mozart an Lorenz Hagenauer, 26. September 1763, ebd., S. 92.

und Gräfinnen. Diese Strategie zahlte sich häufig aus, und zwar im buchstäblichen Sinne. Die englische Königin, der Mozart sechs Sonaten für Cembalo widmete, machte ihm fünfzig Guineen zum Präsent.[21] Und sie kleideten sich stilvoll, den Anlässen entsprechend – Goethe erinnerte sich mehr als sechzig Jahre nach Mozarts Auftritt in Frankfurt »des kleinen Mannes in seiner Frisur und Degen«.[22]

In den Briefen an seine Frau, die gewöhnlich in Salzburg zurückblieb, erstattete Leopold Mozart aufs Penibelste Bericht über solche Details. In England kleideten sich die Mozarts den Gastgebern zu Gefallen nach englischer Mode, so exzentrisch diese auch ihrem österreichischen Geschmack vorkommen mochte, und staunten über ihr Erscheinungsbild. 1764 erklärte Leopold Mozart in einem Brief an Hagenauer: »und was meinen sie, wie meine Frau und mein Mädl in den Englischen hütten und ich und der grosse Wolfgang in Englischen Kleidern aussehen.«[23] Mozarts Neigung, sich herauszuputzen, stammt aus dieser Zeit.

Wo immer die Mozarts hinkamen, stellten sie fest, dass sich für ihr Publikum das Zuhören bestenfalls auf intermittierende Phasen beschränkte. Zu Mozarts Zeit diente die Musik, Sakralmusik ausgenommen, noch weitgehend der bloßen Unterhaltung. Ihre romantische Erhebung zu einer

---

[21] Leopold Mozart an Lorenz Hagenauer, 19. März 1765, ebd., S. 184.
[22] Eckermann, *Gespräche mit Goethe*, a. a. O., S. 390–91.
[23] Leopold Mozart an Lorenz Hagenauer, 25. April 1764, *Briefe*, Bd. 1, S. 146.

tiefen, halb religiösen Erfahrung, die hingerissenes Schweigen verlangte, vollzog sich erst Jahrzehnte später, auch wenn sich dieser Wandel in Mozarts letzten Lebensjahren bereits ankündigte. Es gibt ein vielfach reproduziertes Bild von Michel Barthélemy aus dem Jahre 1766, das den zehnjährigen Mozart zeigt, wie er brav die Tasten bearbeitet, während eine erlesene, elegant gekleidete Gesellschaft sich an einem üppigen Büfett gütlich tut.

Die Mozarts waren bemüht, sich durch diese zeitweilige Unaufmerksamkeit nicht stören zu lassen. Sie arbeiteten unermüdlich. »Master Mozart« (wie er von den Londoner Impresarios genannt wurde) gab fleißig Konzerte und komponierte nicht weniger eifrig; er schätzte die Augenblicke, die er für die Tätigkeit, zu der er berufen war, erübrigen konnte. Noch vor seinem achten Lebensjahr hatte er bereits Sonaten für Violine, Cembalo und andere Instrumente geschrieben; im folgenden Jahr, 1765, komponierte er seine erste Sinfonie. Das lebhafte, anspruchslose Werkchen in drei Sätzen ist rund zwölf Minuten lang und für ein kleines Orchester instrumentiert: für vier Geigen und Bratschen, einen Kontrabass, ein Kontrafagott, zwei Klarinetten und zwei Hörner. Wie all seine Kompositionen aus der Knabenzeit lässt auch diese nur wenig von seinen späteren Meisterwerken erahnen, selbst wenn ein wohlwollender Hörer vielleicht einen Hauch späterer Mozart'scher Freuden zu entdecken meinen mag, vor allem in der relativen stimmlichen Individualität, die er den einzelnen Instrumenten verleiht.

Das einzig Erstaunliche bei diesen frühreifen Versuchen ist demnach das Alter des Komponisten. Das Stück hätte ebenso gut von jemand anderem komponiert sein können und war es zu einem großen Teil auch; der väterliche Schatten lastet darauf, wenngleich sich bei dieser Komposition kaum entscheiden lässt, ob Leopold Mozart nur als Kopist, als Bearbeiter oder aber, was weit wahrscheinlicher sein dürfte, als Mitkomponist tätig war. Mozart verbrachte in diesen seinen Lehrjahren unschätzbare Stunden damit, die Werke von Komponisten zu hören, die damals in Mode waren; wie andere Lehrlinge war auch er emsig dabei, sie zu kopieren. Da er über ein ungewöhnlich waches Rezeptionsvermögen verfügte, eignete er sich bereitwillig herrschende Stilformen an; die musikalischen Einfälle seiner bedeutendsten zeitgenössischen Kollegen schwangen in seinen Stücken mit. Sein Bildungsgang ähnelte der Vorgehensweise fast jedes großen Künstlers: Er kämpfte sich mittels Studium und Nachahmung seiner Vorgänger zur Eigenständigkeit durch.

Glück hatte er mit den Reisen in die Musikzentren Europas, die er in jugendlichem Alter unternahm: sie erlaubten ihm, die Komponisten, bei denen er in die Lehre ging, zu hören und manchmal auch kennen zu lernen. Bei seinem Besuch Englands schloss er mit Johann Christian Bach, einem fantasievollen Komponisten von Kirchenmusik, Opern und Sinfonien, der damals in London lebte und eine Zeit lang einen größeren Ruf genoss als sein Vater, Bekanntschaft und bald auch Freundschaft. Seine Sinfonien beeindruckten den jungen

Mozart am stärksten; J. C. Bachs italienisch ge-
färbte Anmut, Leichtigkeit und großartige Orchestrierung – man sprach vom galanten Stil – auf der
Basis einer soliden Technik kamen ihm sehr entgegen.

Sein sinfonisches Debüt (es folgten rasch weitere
Proben) gab Mozart in einem entscheidenden Augenblick der Entwicklung dieses Genres. Die Anfänge der Sinfonie reichen zurück zu der so genann-
ten Italienischen Ouvertüre oder *Sinfonia*, einem
Orchesterstück, das eine Oper einzuleiten pflegte
und herkömmlicherweise drei Tempi umfasste:
schnell, langsam, sehr schnell. Mozarts erste Sinfonie, die *molto allegro*, *andante* und *presto* vorsah,
folgte diesem Schema, auch wenn er schon bald die
modische Neuheit übernahm, einen vierten Satz
anzufügen. Aber dass seine frühen Sinfonien ihre
Wurzeln in der Ouvertüre hatten, daraus machte er
kein Hehl: Im Alter von zwölf Jahren verwendete er
seine siebente Sinfonie als Ouvertüre für seine Oper
La finta semplice. Erst um 1773, als Mozart siebzehn
war und mehr als zwei Dutzend Sinfonien komponiert hatte, trat sein wahres Genie als Sinfoniker zutage. Nr. 29 in A-Dur (KV 201), die reich an eigen-
ständigem thematischem Material ist, hebt sich als
faszinierende Entwicklung von den früheren Versuchen ab; sie könnte sich im Repertoire jedes heutigen Orchesters hören lassen.

Seine Zuhörer waren von Mozarts Virtuosität überwältigt, zumal er offenkundig etwas völlig anderes
bot als eine geistlose Zirkusnummer und mit den
Grundlagen der Musik absolut vertraut war. Sein

Vater schildert wiederholt, wie dieser Aufsehen erregende Junge das Publikum mit seinem fotografischen Gedächtnis, seiner sagenhaften Fingerfertigkeit auf dem Klavier und seiner unheimlichen Gabe, um ein Thema Variationen zu spinnen, in Bann schlug. Leopold Mozart genoss den Ruhm, den sein kleiner Sohn erntete, schon im Voraus. »Nun sind 4 Sonaten von Mr: Wolfgang Mozart beym stechen«, schrieb er im Februar 1764 aus Paris. »Stellen sie sich den Lermen für, den diese Sonaten in der Welt machen werden, wann am Titlblatt steht daß es ein Werk eines Kindes von 7 Jahren ist.«[24] In Wahrheit war Mozart fast acht, aber diese kleine, bewusste Halbwahrheit tut der Leistung des Jungen schwerlich Abbruch.

Mozarts Begabung, neue Instrumente zu lernen, war ebenso unheimlich wie seine Fähigkeit, zu spielen und zu komponieren. Ein halbes Jahr bevor seine Sonaten für den Druck fertig gemacht wurden, berichtete der Vater: »Das Neueste ist, daß, um uns zu unterhalten, wir auf die Orgl gegangen, und ich dem Wolferl das Pedal erkläret habe. Davon er denn gleich stante pede die Probe abgeleget, den schammel hinweg gerückt, und stehend preambulirt und das pedal dazu getreten, und zwar so, als wenn er schon viele Monate geübt hätte. alles gerühet in Erstaunen ...«[25] Cembalospieler, Geigenspieler und jetzt Organist – alles im Alter von sieben Jahren.

---

[24] Leopold Mozart an Lorenz Hagenauer, 1. Februar 1764, ebd., S. 126.
[25] Leopold Mozart an Lorenz Hagenauer, 11. Juni 1763, ebd., S. 71.

Auch Nannerl war eine begabte Vortragskünstlerin, als Cembalospielerin weithin berühmt und nicht minder kompetent als ihr Bruder. Leopold Mozart beweist einen Schimmer psychologischer Einsicht, wenn er bemerkt, seine Tochter spiele so gut, dass alle von ihr redeten und sie also nicht darunter zu leiden habe, dass man sie ständig mit ihrem Bruder vergleiche.[26] Sie versuchte sich auch im Komponieren, und Mozart war solidarisch genug, ihren Bemühungen Lob zu zollen; er drängte sie, mit ihren Versuchen fortzufahren; einen Unterton von Skepsis konnte er allerdings nicht unterdrücken. »Ich habe mich recht verwundert, daß du so schön Componiren kanst«, schrieb er 1770 aus Rom an Nannerl in Reaktion auf ein Lied, das sie ihm geschickt hatte. »mit einen wort, das Lied ist schön, und probiere öfter etwas.«[27] Mozarts Überlegenheit gleichermaßen als Solist und als Komponist war allerdings zu offenkundig, als dass man sie hätte ignorieren können; mit dieser Tatsache lernte seine Schwester allmählich sich abzufinden.

Gerade weil Mozart einen so gewaltigen Eindruck machte, äußerten versierte Musikliebhaber, die Angst hatten, einem Schwindler aufzusitzen, Zweifel an der Echtheit seiner außergewöhnlichen Improvisationen und frühreifen Kompositionen. Neidische Konkurrenten Mozarts, die das Gerücht ausstreuten, seine Leistungen seien zu umwerfend, um glaubhaft sein zu können, bestärkten sie in

---

[26] Leopold Mozart an Lorenz Hagenauer, 20. August 1763, ebd., S. 89.
[27] Mozart an seine Schwester, 7. Juli 1770, ebd., S. 369.

ihrem Misstrauen. Da Leopold Mozart zu Anfällen krankhaften Argwohns neigte, ist er kein völlig vertrauenswürdiger Zeuge; wenn er 1768 in Wien wiederholt den Vorwurf erhebt, gegen seinen Sohn würden Intrigen gesponnen, so haben diese Anschuldigungen – milde ausgedrückt – etwas Überspanntes. Für seine Behauptung, Gluck habe als Ränkeschmied gegen seinen Sohn eine führende Rolle gespielt, gibt es kein unabhängiges Zeugnis. Die Konkurrenten seines Sohnes, so seine Anschuldigung, weigerten sich, zu Mozarts Konzerten zu kommen, weil ihrer Ansicht nach die Berichte über seine Zauberkünste mit Händen zu greifende Lügen seien. Sie hielten seine Auftritte für sorgfältig geplanten, schieren Bluff. Allein die Vorstellung, dass ein Kind etwas komponieren könne, erschiene ihnen lächerlich. Ein zwölfjähriges Kind, das eine Oper schreibt – was für eine Idee!

Leopold Mozart, der gern Beobachtungen über die Kultur seiner Zeit anstellte, sah in dieser Skepsis ein Symptom des epidemischen Unglaubens seiner Zeit: *»so ist es eben ietzt, da man alles, was nur ein Wunder heist lächerlich machet und alle Wunder widerspricht.* Man muß sie demnach überzeugen: Und war es nicht eine grosse freude und ein grosser Sieg für mich, da ich einen voltairianer mit einem Erstaunen zu mir sagen hörte: *Nun habe ich einmahl in meinem Leben ein Wunder gesehen; daß ist das erste!«*[28] Die Skeptiker sollten bald herausfinden, dass es nicht das letzte gewesen war.

---

[28] Leopold Mozart an Lorenz Hagenauer, 30. Januar und 30. Juli 1768, ebd., S. 256–57, 269–74, Zitat auf S. 272.

Die Komposition, um die es bei diesem Streit in der Wiener Musikszene ging, war Mozarts erste richtiggehende Oper, *La finta semplice*, eine Opera buffa. In Wien ließ sich zwar keine Aufführung arrangieren, aber die Oper kam im folgenden Jahr in Salzburg auf die Bühne. Das Werk fällt keineswegs aus dem Rahmen. Ungewöhnlich ist nur, dass der Komponist ein zwölfjähriges Wunderkind war. Und dieses Wunderkind, das seine Vielseitigkeit unter Beweis stellen wollte, schuf gleich anschließend den Einakter *Bastien und Bastienne*, ein Singspiel – eine Oper mit deutschsprachigem Libretto und gesprochenen Dialogen –, in dem sich andeutet, aber eben nur andeutet, was an Größerem die Zukunft bringen sollte.

In dieser Atmosphäre des Misstrauens wurden die Fachleute nicht müde, Mozart auf die Probe zu stellen. Von London im Jahre 1764 bis nach Neapel sechs Jahre später spürten sie immer wieder seiner Vorgeschichte nach, beobachteten genau seine Hände, gaben ihm anspruchsvolle unveröffentlichte Partituren, die er vom Blatt spielen musste, forderten ihn auf, aus dem Stegreif Lieder zum Thema Leidenschaft zu vertonen oder eine Fuge zu komponieren. Im April 1770 legte ihm der Marchese Ligneville, »der stärkste Contrapunctist in ganz Italien«, die schwierigsten Fugen und schwierigsten Themen zum Bearbeiten vor, »die der Wolfg: wie man ein Stück brod isst, weggespielt und ausgeführt«.[29] Durch das Wunder Mozart vor ein Rät-

_____
[29] Leopold Mozart an seine Frau, 3. April 1770, ebd., S. 331.

sel gestellt, sahen sich diese Zweifler vom Fach genötigt, nach rationalen Erklärungen für das Phänomen zu suchen. Einer von ihnen, der angesehene Schweizer Arzt Samuel André Tissot – der sich der Bekanntschaft Voltaires rühmen konnte –, glaubte die Lösung für das »Rätsel des jungen Mozart« in einer bestimmten Verknüpfung seiner »moralischen« und seiner »physischen« Beschaffenheit zu finden. Wie alle Zweifler, sofern sie guten Willens waren, bekehrte sich Tissot zum Glauben an das Mozart'sche Genie.

Ein Wunderkind ist seiner Natur nach etwas, was sich selbst zerstört: Was bei einem Knaben buchstäblich wunderbar anmutet, wird bei einem jungen Mann den Eindruck einer normalen Begabung machen und völlig am Platze erscheinen. 1772, mit sechzehn Jahren, hatte es Mozart aber auch nicht mehr nötig, den kleinen Hexenmeister zu spielen; er hatte es in den Musikgenres, in denen er zu komponieren begann, in der Sonate und der Sinfonie, bereits zur Reife gebracht und stellte seine Begabung jetzt auf neuen Gebieten unter Beweis: in der Oper, im Oratorium und in den frühesten einer Reihe großartiger Klavierkonzerte. Die meisten Kompositionen, die Mozart Ende der Sechziger- und Anfang der Siebzigerjahre des 18. Jahrhunderts schuf, entstanden unterwegs: Den größten Teil seiner Zeit brachte er damals mit einem ausgedehnten Aufenthalt in Wien und mit drei Reisen nach Italien zu, wobei alle diese Unternehmungen dem Zweck dienten, den Kontostand seiner Familie aufzubessern. Die Ausflüge nach Italien vertieften, was Leopold Mozart den Sohn gelehrt hatte, und bildeten eine

Ergänzung zu den großen Tourneen nach England und Frankreich.

In Italien zog Mozart großen Gewinn aus neuen musikalischen Erfahrungen, die er sich sogleich aneignete. Den dauerhaftesten Gewinn zog er aus den Stunden bei dem italienischen Komponisten und namhaften Lehrer Padre Giovanni Battista Martini in Bologna, der ihn im schwierigen Fach des Kontrapunkts unterwies, das heißt in der Kunst, mehrere Stimmen selbstständig nebeneinanderher zu führen. Martini – »der Italiäner Abgott« nannte ihn Leopold Mozart und, wobei er es mit dem Namen nicht so genau nahm, »der berühmte P. Martino« – war Mitte sechzig, als er und Mozart sich kennen lernten, und er fasste sofort eine Zuneigung zu dem Vierzehnjährigen.[30] Er erkannte sofort das Genie, das er vor sich hatte, nahm den jungen Mann gegen diejenigen, die ihm übel nachredeten, in Schutz und war zu Recht der Ansicht, dass er ihm nichts Besseres tun konnte, als ihn einer gründlichen Schulung im Umgang mit dem Kontrapunkt zu unterziehen, und zwar mit dessen formstrengster Ausprägung, der Fuge. Die Früchte dieses Unterrichts waren in Mozarts Wirken nicht gleich zu erkennen, aber anderthalb Jahrzehnte später wurde für ihn in seiner letzten Phase der Kontrapunkt zu einer zentralen Technik. Kurz, »der Wolfg: bleibt mit seiner Wissenschaft auch nicht stehen, sondern wächst von tage zu tage«, schrieb Leopold Mozart im April 1770 aus

---

[30] Leopold Mozart an seine Frau, 27. März 1770, ebd., S. 327, 328.

Rom an seine Frau, »so daß die grösten kenner und Meister nicht worte genug finden ihre Bewunderung auszudrücken...«[31] Den größten Teil seiner musikalischen Erziehung empfing Mozart im Ausland.

Mozarts gewaltiges Talent war kein Geheimnis und trat Jahr für Jahr deutlicher zutage. Die einzige Frage, die seinen begeisterten Anhängern zu schaffen machte, war die nach der Beständigkeit dieses Talents. Im Jahre 1769 schrieb der Komponist Johann Adolph Hasse, damals für seine Opern und Oratorien hoch geschätzt, auf Italienisch einen Empfehlungsbrief für Mozart, in dem er diesen in den höchsten Tönen lobte: »Ich habe mir seine Kompositionen angesehen; sie sind ohne Frage gut gemacht, und ich habe nichts in ihnen entdeckt, was an einen zwölfjährigen Knaben denken lässt.« (Tatsächlich war Mozart schon ein Jahr älter, aber das spielt in diesem Zusammenhang keine Rolle.) »Ich sehe keinen Anlass, daran zu zweifeln, dass sie von ihm selbst stammen. Ich habe ihn auf vielerlei Weise geprüft, und dabei hat er Dinge vollbracht, die für sein Alter wirklich unglaublich sind; sogar bei einem Erwachsenen wären sie erstaunlich.« Er sagte dem jungen Mann eine große Zukunft voraus – mit einem einzigen Vorbehalt: »Eines ist gewiss: wenn seine Entwicklung mit seinem Alter Schritt hält, kann aus ihm etwas Staunenswertes werden. Sein Vater darf ihn nur nicht über Gebühr verwöhnen oder mit unverdienten Lobeserhebun-

---

[31] Leopold Mozart an seine Frau, 21. April 1770, ebd., S. 338.

gen seine Natur verderben. Das ist die einzige Gefahr, die ich fürchte.«[32]

Die Mozarts aber hatten dringlichere Sorgen. Sie unternahmen diese Tourneen zum Teil, um Geld zu verdienen, zum Teil aber auch, weil der Vater für den Sohn eine jener festen Anstellungen zu finden hoffte, die so schwer zu erlangen waren. Im Jahre 1770 verlieh Papst Clemens XIV. Mozart den Orden vom goldenen Sporn, was eine hohe Ehrung darstellte; im selben Jahr wählte ihn die Accademia dei Filarmonici von Bologna zum Mitglied, obwohl der Vierzehnjährige sechs Jahre jünger war als nach der Satzung statthaft. Wo immer sie in Italien hinkamen, fanden sich Vater und Sohn in der Gesellschaft von Fürstlichkeiten, kirchlichen Würdenträgern, Gesandten und reichen englischen Bourgeois, die auf ihrer großen Bildungsreise durch Europa unterwegs waren. Entsprechend kleideten sie sich. In Neapel, im Frühjahr 1770, kauften sie eine Sommergarderobe, weil ihnen die Hitze zusetzte: Wolfgang trage, schrieb Leopold Mozart an seine Frau, einen Anzug »von so besonderer farb, daß es in Italien Colore di fuoco oder feuerfarb genänet wird: mit silbern spitzen und Liechthimmelblau gefüttert«. In einem Brief an seine Schwester verkündete Mozart stolz, er und sein Vater sähen in ihren neuen Kleidern »schön wie die engeln« aus.[33]

---

[32] W. J. Turner, *Mozart: The Man and His Works* (1938; Taschenbuchausgabe 1954), S. 85.
[33] Leopold Mozart an seine Frau, 19. Mai 1770, *Briefe*, Bd. 1, S. 348; Mozart an seine Schwester, ebd., S. 350.

Aber die spektakulären Gunstbeweise blieben, wie sich zeigte, weitgehend symbolischer Natur. Sogar die Oper, die er auf Einladung später im selben Jahr für Mailand komponierte, *Mitridate, rè di Ponto*, brachte, obwohl Publikum und Kritiker sie gleichermaßen bejubelten, nur kurzlebigen Gewinn. Bei all den Triumphen und Enttäuschungen blieb Mozart aber unablässig mit Komponieren beschäftigt; er komponierte in der rasenden Geschwindigkeit, die ihm mittlerweile zur Gewohnheit geworden war, und mit zunehmender Kunstfertigkeit. Zwischen dem Zeitpunkt im Jahre 1766, an dem die Mozarts von ihrer großen Tournee heimkehrten, bis zum Ende der dritten Reise nach Italien im März 1773 schuf er mehr als zwanzig Sinfonien, eine Reihe Streichquartette, drei kurze Opern, Konzertarien für Sopran und Kirchenmusik.

Der mittlerweile siebzehnjährige Mozart hatte jetzt seine volle Körpergröße erreicht; sie lag merklich unter dem Durchschnitt und betonte mehr als nötig sein jugendliches Aussehen. Er war sich dessen bewusst: Als er es den anderen Touristen nachtun und den Zeh der Statue des Apostels Petrus im Petersdom küssen wollte, musste er sich hochheben lassen, »weil ich das unglück habe so klein zu seyn«.[34] Das klingt nicht sehr wahrscheinlich und ist wohl mehr ein bitterer Scherz als Wiedergabe eines realen Geschehens, aber es zeigt, wie selbstkritisch Mozart

---

[34] Mozart an Mutter und Schwester, 14. April 1770, ebd., S. 336.

seine äußere Gestalt sah. Die verschiedenen Porträts, die wir von ihm haben, weichen zwar in einem gewissen Maße voneinander ab, wie bei solchen Bildnissen häufig der Fall, in drei grundlegenden Merkmalen stimmen sie indes überein. Sie zeigen ein unauffälliges, kaum attraktiv zu nennendes Gesicht mit ausgeprägter Nase und großen, ernsten Augen. Bezeichnenderweise hob sein Bewunderer und Freund Niemetschek den letztgenannten Zug eigens hervor, seine »großen, eindringlichen Augen«, die seinem schlichten Gesicht Leuchtkraft verliehen. Diese Beschreibung, die andere Quellen bestätigen, erfasst den Komponisten und Virtuosen Mozart, wie ihn kein Porträt vollständig wiedergeben kann, wie er indes in seinem Werk fortlebt.

Zwei

DER SOHN

Mozart war ein guter Sohn. War er unterwegs, schrieb er ebenso herzliche wie häufige Briefe nach Hause; oft fügte er den Briefen seines Vaters Nachschriften an, in denen er seiner Mutter zehntausend oder gar eine Milliarde Handküsse sandte und seiner Schwester liebevolle Umarmungen. Er versicherte beiden, er vermisse sie schrecklich, und wenn er der Familie durch seine Auftritte zu unverhofftem Wohlstand verhalf, so geschah das nicht aus bloßer Folgsamkeit, sondern er tat es mit Freuden. Mit rührender Geduld und Demut wehrte er sich, wenn ihn sein Vater heftig und fast immer ungerechtfertigt der verschiedensten angeblichen Versäumnisse oder Verfehlungen zieh. »Nur eine bitte erlauben sie mir«, so das ergreifende Plädoyer, das sich noch in einem Brief aus dem Jahre 1777, als er fast zweiundzwanzig Jahre alt war, findet, »und diese ist, nicht gar so schlecht von mir zu dencken.«[1] Von Kindesbeinen an wusste er, wem er das meiste schuldete: »Nach Gott«, soll er geäußert haben, »kömmt gleich der Papa.«

Vieles im Mozart'schen Verhalten entsprach völlig den Gepflogenheiten der damaligen Epoche.

---

[1] Mozart an seinen Vater, 20. Dezember 1777, *Briefe*, Bd. 2, S. 199.

Nicht anders als in den Zeiträumen davor war noch im 18. Jahrhundert die Gewalt, die das Gesetz dem Vater über seine Kinder verlieh, praktisch unbeschränkt. Das galt zwar eigentlich nur, bis die Kinder die Volljährigkeit erreichten, aber natürlich nimmt väterliche Autorität – sie vor allem! – keine Rücksicht auf solche künstlichen Altersgrenzen. Selbst der erwachsene Mozart zog Willfährigkeit dem Aufbegehren vor, wenngleich die Versuchung, dem Vater die Stirn zu bieten, zunahm. Wie schwer es ihm auch fiel, sich zu behaupten, empfand er seine Fügsamkeit doch immer mehr als Last, statt in ihr eine freudig übernommene Pflicht zu sehen. Im Jahre 1769 schrieb er nach Hause: »die ursache, daß ich der mama schreibe ist, zu zeigen, daß ich meine schuldickeit weis«.[2] Dieses starke Gefühl kindlicher Verpflichtung schwächte sich nur langsam ab; ganz verlor es sich nie.

Auch wenn Leopold Mozart seine patriarchale Stellung, die fest in jahrhundertealten Traditionen gründete, lange Zeit unangefochten innehatte, war er doch Oberhaupt einer für seine Zeit relativ modernen Familie. Es gibt keine Belege dafür, dass er oder auch seine Frau die Kinder viel gezüchtigt hätten – falls überhaupt. Sie waren so gut gezogen, dass sie die nötige Selbstdisziplin aufbrachten und kaum zur Ordnung gerufen werden mussten. Auf jeden Fall zog Leopold Mozart offenbar schlagkräftigen Sarkasmus einer losen Hand vor. Er gehörte nicht, wie er seiner Frau verkündete, zu den »doppelt ge-

---

[2] Mozart an seine Mutter in Leopold Mozart an seine Frau, 14. Dezember 1769, a. a. O., Bd. 1, S. 292.

strengen«.[3] Er beteiligte sich an den geselligen Unterhaltungen zu Hause oder beim brieflichen Austausch und unterzeichnete seine Briefe gut gelaunt mit »dein alter Mzt«

Solche fortschrittlichen Einstellungen machten aus ihm allerdings noch keinen häuslichen Demokraten: In Übereinstimmung mit praktisch allen Männern seines Zeitalters, von ein paar Radikalen wie Defoe und Diderot abgesehen, ging er ganz selbstverständlich davon aus, dass der Mann die Krone der Schöpfung sei. »Man muß nicht immer an Mannspersonen schreiben«, erklärte er Anfang 1764 mit ritterlicher Leutseligkeit in einem Brief an Frau Hagenauer, »sondern sich auch des schönen und andächtigen Geschlechts erinnern.«[4] Schrieb er aber an seine Frau, die zu Hause geblieben war, während er und Wolferl in der vornehmen Welt verkehrten und Geld verdienten, schickte er ihr informative, alles andere als herablassende Berichte und sparte höchstens heikelste finanzielle Details aus. Nicht etwa, dass er sie vor seiner Frau geheim halten wollte; er hatte nur eine geradezu krankhafte Abneigung dagegen, Fremde wissen zu lassen, wie viel er (oder, besser gesagt, sein Sohn) verdiente, und hob sich deshalb Enthüllungen dieser Art für spätere private Unterhaltungen auf. Und er tat alles, was in seiner Macht stand, um die Karriere seines Sohnes zu fördern.

---

[3] Leopold Mozart an seine Frau, 17. November 1770, ebd., S. 403.

[4] Leopold Mozart an Maria Theresa Hagenauer, 1. Februar 1764, ebd., S. 121.

Wolfgang Mozart war ein guter Sohn. Aber war Leopold Mozart ein guter Vater? Sein Einfluss auf den Sohn war so offensichtlich und so dauerhaft, dass kein Biograph es über sich gebracht hat, diese Beziehung herunterzuspielen. Er war Lehrer, Mitarbeiter, Berater seines Sohnes, war sein Pfleger, Sekretär, Impresario, Presseagent und Hauptclaqueur. Die Frage aber, ob sein Einfluss segensreich oder verderblich oder aber eine schwer zu entwirrende Mischung aus beidem war, ist auch nach zwei Jahrhunderten strittig.

Als Mozart fünf Jahre alt war, erkannte sein Vater, dass der Sohn das Zeug dazu hatte, zur Goldgrube für die Familie zu werden. Andreas Schachtner, ein Berufstrompeter und enger Freund der Mozarts, hat uns überliefert, dass jedes Mal, wenn der Junge eine Kostprobe seiner Staunen machenden musikalischen Begabung lieferte, was oft geschah, der Vater zu Tränen gerührt war. Schachtner sprach von »Thränen der Bewunderung und Freude«, aber es müssen auch Tränen der Rührung beim Gedanken an die vielen Dukaten gewesen sein, mit denen das Talent des Sohnes die Familienkasse füllte.[5] Im Blick auf den jungen Wolfgang waren bei Leopold Mozart der stolze Vater und der gewitzte Unternehmer nicht voneinander zu trennen.

Kurz, verschiedenartige Motive bestimmten Leopold Mozarts Verhältnis zu seinem Sohn – was nur allzu menschlich erscheint. Verdunkelt wurde das Verhältnis durch seine irrationalen finanziellen

---

[5] Brief von Johann Andreas Schachtner an Marianne von Berchtold, 24. April 1792, in: Deutsch, *Mozart*, S. 396.

Ängste und sein Bedürfnis, jeden Schritt Mozarts zu lenken. Seinen Klagen eignete aber auch ein Moment echter Fürsorglichkeit, das in berechnender Simulation nicht aufging. Und ihm scheint ein noch heikleres, wenn auch nie voll zum Ausdruck kommendes Gefühl zugesetzt zu haben, das den Einklang zwischen Vater und Sohn gefährden musste: das Gefühl, dass Mozart ihn gleichermaßen als Virtuose und Komponist spielend leicht überflügelt hatte. Die Psychoanalyse hat sich intensiv mit den widerstreitenden Gefühlen beschäftigt, die ein Sohn seinem Vater entgegenbringt; die weniger gut erforschten widerstreitenden Empfindungen eines Vaters gegenüber seinem Sohn sind indes manchmal eine nicht minder schwere Bürde. In den vier Jahren, die Vater und Sohn in Salzburg verbrachten, nachdem sie 1773 von ihrer dritten italienischen Tournee zurückgekehrt waren, drängte sich Leopold Mozart mit Sicherheit der schreckliche Verdacht auf, dass er nichts weiter war als die rechte Hand eines der größten Komponisten, die jemals gelebt hatten.

Wer indes annimmt, Vater und Sohn hätten in einem ständigen Konkurrenzkampf miteinander gelegen oder Ersterer habe Letzteren schlicht ausgebeutet, unterschätzt Leopolds Fähigkeit zu uneigennütziger Liebe. Zumindest auf der Ebene des Bewusstseins überwog der väterliche Stolz den Neid; in einem Briefchen nach dem anderen rühmt er Mozarts neueste Triumphe, und seine Begeisterung kennt keine Grenzen. Auch unabhängig von aller »vätterlichen Partheylichkeit« hielt er Mozart für ein wahres Genie. In einem typischen Gefühls-

44

ausbruch schrieb er 1764 an Hagenauer: »Genug ist
es; daß mein Mädl eine der geschicktesten Spile-
rinnen in Europa ist, wenn sie gleich nur 12. Jahre
hat und daß mein Bub, Kurz zu sagen, alles in diesem seinen 8. jährigen Alter weis, was man von
einem Manne von 40. Jahren fordern kann. Mit
kurzem: wer es nicht sieht und hört, kann es nicht
glauben.«[6]

Von Anfang bis Ende zeichnet Leopold Mozarts
Verhalten tatsächlich gewissenhafteste väterliche
Fürsorge aus. Im März 1765 schrieb er Hagenauer
aus London, er habe ein Anerbieten, sich dort nie-
derzulassen, trotz der höchst eindrucksvollen Ver-
dienstmöglichkeiten abgelehnt. Die Mozarts hatten
in weniger als einem Jahr »einige 100. guinées« verdient. Dennoch habe er sich »nach reiffer Überlegung, und nach etlichen schlafloosen Nächten« gegen das Angebot entschieden, »da ich meine Kinder
an keinem so gefährlichen Orte: wo der meiste theil
der Menschen gar keine Religion hat und wo man
nichts als böse Beyspielle vor Augen hat: erziehen
will«.[7] Das war eine merkwürdige Begründung, zumal er nur vier Monate zuvor Hagenauer eine de-
taillierte Aufzählung der in London vorhandenen
Kirchen, Kapellen, Synagogen, Waisenhäuser und
Armenschulen geschickt hatte. So sehr er Wert darauf legte, gut informiert zu sein und es häufig auch
war – Folgerichtigkeit gehörte nicht zu seinen Stär-

---

[6] Leopold Mozart an seine Frau, 8. Mai 1770, *Briefe*, Bd. 1,
S. 407; an Lorenz Hagenauer, 8. Juni 1764, ebd., S. 154.
[7] Leopold Mozart an Lorenz Hagenauer, 19. März 1765, ebd.,
S. 180–81.

ken.[8] Als junger Mann hatte er Irrlehren zugeneigt, sich aber dann eines Besseren besonnen und vom religiösen Radikalismus abgewandt; er wurde orthodox, vielleicht auch fromm, und bemühte sich, seine Kinder im gleichen Sinne zu erziehen.

Besonders zwanghaft, ja regelrecht zudringlich wurde Leopold Mozarts gluckenhafte Fürsorglichkeit angesichts der unaufhaltsam näher rückenden sexuellen Reife seines Sohnes. Nichts war eher geeignet, Mozart seiner kindlichen Fügsamkeit zu entreißen, deshalb war auch nichts mehr dazu angetan, Leopold Mozart in Angst und Schrecken zu versetzen, als der Gedanke, sein Sohn könne sich verlieben oder, schlimmer noch, heiraten und einen eigenen Haushalt gründen. Als sich die Familie wieder in Salzburg zusammenfand, war Mozart siebzehn Jahre alt, fast schon ein Mann. Selbst zu einer Zeit, in der die Pubertät später eintrat, als das heute der Fall ist, konnte man bei seinem Alter fast sicher sein, dass er interessiert daran war, sexuelle Erfahrungen zu sammeln, mochte er auch noch so scheu sein. Wir wissen nicht, wie stark das Interesse bei ihm in diesen vier Jahren war und auf wen es sich gerichtet haben mag; da die Familie in diesem Zeitraum meist vereint war, wurde wenig korrespondiert und entstanden mithin nur wenige jener Schriftstücke, die das Ein und Alles des Biographen sind. Das Einzige, was uns die vorhandenen Briefe bieten, sind beiläufige, rätselhafte Anspielungen

---

[8] Leopold Mozart an Lorenz Hagenauer, 27. November 1764, ebd., S. 173. Auch Langegger vermerkt diese Inkonsequenz (*Mozart, Vater und Sohn*, S. 33).

auf Salzburger Schöne, denen der Bruder die Schwester bittet seine Grüße zu übermitteln.[9]

Mozarts Briefe stützen die Vermutung, dass bei ihm die kindliche Lebhaftigkeit, die er sich bis ins Jugendlichenalter und darüber hinaus bewahrte, einen zweckmäßigen Ersatz für sexuellen Forschungsdrang lieferte. Die Mozarts trieben gern ihre Späßchen miteinander, und der Sohn der Familie spielte dabei eine führende Rolle. Seine Botschaften an Nannerl sind zügellose Ausbrüche kindlicher Freude an Späßen. Er schrieb ihr Briefe, in denen er, manchmal in ein und demselben Satz vom Italienischen ins Deutsche, Englische und Französische, manchmal sogar ins Lateinische wechselte; er fabrizierte furchtbar gekünstelte Wortspiele, fügte im Sinne einer scherzhaften Interpunktion unzählige Male ein Schlüsselwort in den Text ein, erfand Wörter für Unsinnsreime, pries Nannerls Weisheit, schrieb abwechselnd Zeilen verkehrt herum und verbreitete sich über intime Körperfunktionen. Tatsächlich bewahrte sich Mozart zeitlebens ein besonderes Interesse für den After und seine Ausscheidungen. Damit ist nicht sonderlich viel über Mozart gesagt, außer dass er bereitwilliger als viele andere dem regressiven Sog früher Fixierungen nachgab. Und in der Familie stand er damit auch nicht allein: Seine Mutter trug ebenso wenig Bedenken, Witze über das Scheißen zu machen, und das Gleiche gilt für den Vater.

---

[9] Mozart an seine Schwester in Leopold Mozart an seine Frau, 30. Dezember 1774, *Briefe*, Bd. 1, S. 513–14.

Ob Mozart Späße machte oder ernsthaft war, ob er Italienisch lernte oder sich für einen Empfang ankleidete, stets stand in seinem Leben die Musik an erster Stelle. Der jugendliche Mozart setzte seine Kompositionstätigkeit in demselben Tempo fort, in dem er schon seit Beginn der Sechzigerjahre des 18. Jahrhunderts Musik schuf – mit immer gleicher Intensität, aber auch mit zunehmender stilistischer Unverwechselbarkeit. Er versuchte sich weiter am Operngenre. Im Jahre 1770, mit vierzehn, komponierte er *Mitridate, rè di Ponto*, eine Opera seria, die Mailand in Auftrag gegeben hatte; ein Jahr später schrieb er als Nachfolgestück für Mailand *Lucio Silla*, eine weitere Opera seria. Dieses Operngenre, das den Zenit seiner Popularität überschritten hatte, handelte von hoch stehenden Personen, heldenhaften Taten, großen, hochtrabenden Reden; dank dem Eingreifen eines gütigen Herrschers fand die Handlung gewöhnlich ein glückliches Ende. Buchstäblich Dutzende von Komponisten – unter ihnen auch Mozart – benutzten Libretti aus der Feder des überaus produktiven italienischen Dichters Pietro Metastasio.

Diese beiden Mozart'schen Jugendwerke im Opernfach fanden damals freundliche Aufnahme. »Gott sey gelobt«, schrieb Leopold Mozart über *Mitridate* triumphierend an seine Frau, »die erste Aufführung der Opera ist den 26ten mit allgemeinen Beyfall vorsich gegangen.« Zweierlei war, so berichtete er, an diesem Abend in der Mailänder Oper passiert, was noch nie zuvor geschehen war: Die Primadonna hatte an diesem Premierenabend eine Arie wiederholen müssen, obwohl das allem Brauch widersprach, und es gab »bey fast allen Arien… ein erstaunliches Händeklatschen und Viva il Maestro, viva il Maestrino ...«[10] Auch *Lucio Silla,* die zweite Oper des kleinen Maestro erzielte im ersten Monat einen Riesenerfolg und erlebte in rascher Folge mehr als zwanzig Aufführungen, und das, obwohl eifersüchtige und unfähige Sänger hie und da für unfreiwillige Komik sorgten. Die zwei Opern werden heute nur noch selten aufgeführt; für Mozart aber waren sie Etappen auf seinem Weg zur Meisterschaft.

Bis 1773 hatte er seine unverkennbare Stimme ausgebildet; seitdem war es nicht mehr möglich, seine Kompositionen mit denen eines anderen Tondichters zu verwechseln. Auch wenn sich Mozarts kompositorische Entwicklung in vieler Hinsicht allmählich vollzieht, stellt doch die bereits erwähnte Sinfonie Nr. 29 in C-Dur (KV 200) einen Quantensprung in seinem Reifeprozess dar. Sie macht deutlich, dass er sich von den italienischen Einflüssen, die seine jugendlichen sinfonischen Ouvertüren beherrschen, entfernt, wenn auch noch nicht vollständig löst; stattdessen nähert er sich der deutschen Schule an und findet Gefallen an deren kunstvolleren orchestralen Strukturen, ihrer Freiheit des Ausdrucks und ihrer Verwendung des Kontrapunkts. Als lernbegieriger Schüler stets empfänglich für neue musikalische Erfahrungen, studierte er vor allem Werke der Gebrüder Haydn. Besonders geistesverwandt fühlte er sich dem poetischen Michael Haydn, der an Berühmtheit seinem Bruder Joseph nachstand; etliche seiner Kompositionen fand er

---

[10] Leopold Mozart an seine Frau, 29. Dezember 1770, ebd., S. 411.

lehrreich genug, um sie abzuschreiben. In Anlehnung an die Lehrer, die er sich ausgesucht hatte, nahm sich Mozart die Freiheit, tiefere emotionale Schichten auszuloten und zum Klingen zu bringen. Auch wenn das halbe Dutzend Sinfonien, die er in seinen vier Jahren zu Hause komponierte, Vorspiele zu den Meisterwerken sind, die er ein Jahrzehnt später schreiben sollte, sind sie bereits mehr als bloße Verheißungen. Sie stehen für sich.

Dasselbe gilt für die schönsten der fünf Violinkonzerte, die er in einem Taumel schöpferischer Eingebung zwischen April und Dezember 1775 komponierte. Sie sind immer noch die Werke eines jungen Mannes, aber das berühmte fünfte, das »türkische« Violinkonzert in A-Dur (KV 219), beweist einen Einfallsreichtum, der Kennzeichen des sich gerade entfaltenden Genies ist. »Melodie reiht sich an Melodie«, schreibt der Mozart-Forscher H. C. Robbins Landon über diese Konzerte, »und neue Einfälle folgen einander in seliger Unbekümmertheit um ihresgleichen und um jedes strikte formale Gerüst. Was den Hörer auf Anhieb gefangen nimmt, ist die beispiellose Eleganz der Konzeption und der Durchführung, die Anmut der Orchestrierung – der auch in diesem vergleichsweise frühen Stadium der Mozart'schen Entwicklung bereits die natürliche Genialität eignet, die den reifen Mozart auszeichnet – und die schwelgerische Lust an der reinen Melodik.«[II]

[II] H. C. Robbins Landon, »The Concertos: (2) Their Musical Origins and Development«, Landon und Donald Mitchell, *The Mozart Companion* (1956), S. 248.

Genauso große Fortschritte machte Mozart in einer anderen Musikform, mit der er sich bereits zuvor auseinander gesetzt hatte: Das Klavierkonzert in Es-Dur (KV 271), das neunte, weist eher auf seine Nachfolger hin, als dass es an die reizenden, aber noch recht konventionellen früheren Konzerte anknüpfte. Und angeregt durch Joseph Haydn, den Vater des Streichquartetts, stürzte sich Mozart auch in dieses, noch in der Experimentierphase befindliche Genre und schuf in rascher Folge ein halbes Dutzend achtbarer Exemplare.

Dabei ließ er es nicht etwa bewenden: Er schrieb Sonaten, Konzerte für Fagott und Oboe, eine Reihe kurzer Messen und Konzertarien sowie eine weitere Oper, *La finta giardiniera*, die ihre Vorgängerin, *La finta semplice*, in den Schatten stellte. Wie der Name Opera buffa besagt, waren es im markanten Gegensatz zur Opera seria komische Opern; anders als im deutschen Singspiel mit seinen gesprochenen Dialogen bildeten hier gesungene Rezitative die Grundlage der Handlung. Wenn er heiterer Stimmung war, komponierte er Divertimenti. Wie überall diente auch am Salzburger Hof ein Divertimento in diesen Jahrzehnten vor der Französischen Revolution dem Zweck, freudige Ereignisse festlich zu begehen, aber Mozart verlieh seinen musikalischen Zerstreuungen einen Bedeutungsgehalt, dem die Krönung oder der Namenstag, aus deren Anlass die Stücke geschrieben wurden, selten gerecht wurde. Sein Bedürfnis, Musik zu schreiben, war unersättlich.

Mehr als einmal äußerte sich Mozarts Vater über die wilde Energie, mit der sein Sohn viele Stunden am Tag komponierte. »und ich bin vergnügter«, schrieb Mozart Ende der Siebzigerjahre, »weil ich zu Componiern habe, welches doch meine einzige freüde und Paßion ist.«[12] Das »einzig« in dieser kategorischen Feststellung entsprach allerdings nicht immer der Wahrheit; er fand auch Zeit, Karten oder eine rasche Partie Billard zu spielen und seiner Schwester Episteln voll grober Späße zu schicken. Leopold Mozarts Äußerung darüber, wie absolut konzentriert sein Sohn arbeite, war jedenfalls ebenso einfühlsam wie zutreffend. Im Jahre 1771 berichtete Mozart der Schwester in einem Brief aus Mailand: »oben unser ist ein violinist, unter unser auch einer, neben unser ein singmeister der lection gibt, in dem lezten Zimmer gegen unser ist ein hautboist, daß ist lustig zum Componiern! gibt einen viell gedancken.«[13] Statt sich gegen seine Umwelt abzuschotten, während er komponierend an seinem Klavier saß, griff er die musikalischen Anregungen, die von außerhalb zu ihm drangen, auf und eignete sie sich an.

Sublimierung reichte nicht aus; Eros ließ sich nicht verleugnen. Komponieren war schön und gut, aber es gab auch Frauen. Und Mozarts fleischliche Begierden trafen ins Zentrum des großen Duells zwischen Sohn und Vater, der nichts mehr fürchtete, als dass sein Sohn eine emotionale, zumal sexuelle, Bin-

---

[12] Mozart an seinen Vater, 11. Oktober 1777, *Briefe*, Bd. 2, S. 46.

[13] Mozart an seine Schwester, 24. August 1771, a. a. O., Bd. 1, S. 432.

dung einging. Im Oktober 1777 – er war damals einundzwanzig – erneuerte Mozart auf einer Reise nach Paris, die er in Begleitung seiner Mutter unternahm, bei einem Zwischenaufenthalt in Augsburg seine Bekanntschaft mit einer Kusine, Maria Anna Thekla Mozart, und fühlte sich sogleich zu ihr hingezogen. Ihr ging es mit ihm genauso. Das Bäsle, wie er sie mit Kosenamen nannte, war ein Jahr jünger als er, wenig gebildet, aber lebhaft, intelligent, voll weltlichen Humors, empfänglich für seine spielerischen Unanständigkeiten. Wie es scheint, entspann sich zwischen den beiden binnen weniger Tage oder jedenfalls bald danach ein Verhältnis, das Mozart in die sexuellen Freuden des Erwachsenenlebens einweihte. Seine erste Schilderung des Bäsle, die sich in einem Brief an den Vater findet, war eher lyrisch als erotisch getönt, ein Kompromiss zwischen dem, was er empfand, und der Verschwiegenheit, die ihm das mit Sicherheit zu erwartende Missfallen seines Vaters abverlangte: Sie sei »schön, vernünftig, lieb, geschickt und lustig«.[14] Leopold Mozart witterte Gefahr und sandte eine sarkastische Replik, wie um der aufkeimenden Begeisterung des Sohnes einen Dämpfer aufzusetzen – vergebens.[15]

Er und seine Kusine, berichtete Mozart dem Vater, passten bestens zueinander, »dann sie ist auch ein bischen schlimm«.[16] Diese lustvoll geteilte See-

---

[14] Mozart an seinen Vater, 17. Oktober 1777, a. a. O., Bd. 2, S. 66.

[15] Solomon, *Mozart*, S. 163.

[16] Mozart an seinen Vater, 17. Oktober 1777, a. a. O., Bd. 2, S. 66.

lenverwandtschaft trieb Mozarts brieflichen Über-
schwang, den er bis dahin ausschließlich an der
Schwester ausgetobt hatte, zu Exzessen unge-
hemmter Selbstdarstellung. Die bis dahin relativ
unschuldigen Scherze und Wortspiele gewannen
nun einen unverhohlen fäkalen und nicht weniger
unverhohlen sexuellen Charakter. Es wimmelte von
Zweideutigkeiten, und Wortwiederholungen oder
holprige Reime imitierten erotische Rhythmen.
Mitte November 1777 traute er sich bereits, auf
Französisch an das Bäsle Sätze zu schreiben wie »Ich
küsse deine Hände, dein Gesicht, deine Knie und
dein – kurz, alles was du mir zu küssen erlaubst.«[17]
Hier eine Kostprobe von Mozarts verbalen Pirouet-
ten, die dem ersten seiner Liebesbriefe an das Bäsle
entnommen ist, der eine Woche vor dem obigen
Brief entstand: »ja, sie lassen sich heraus, sie geben
sich blos, sie lassen sich verlauten, sie machen mir
zu wissen, sie erklären sich, sie deüten mir an, sie
benachrichtigen mir, sie machen mir kund, sie geben deutlich am tage, sie verlangen, sie begehren,
sie wünschen, sie wollen, sie mögen, sie befehlen,
daß ich ihnen auch mein Portrait schicken soll
schroll. Eh bien, ich werde es ihnen gewis schicken
schlicken. Oui, par ma la foi, ich scheiss dir auf
d'nasen…«[18]
   Mozart erfand neue Variationen zum Thema
Analität, mit dem er immer wieder zugange war:

---

[17] Mozart an Maria Anna Thekla Mozart, 13. November 1777,
   Briefe, Bd. 2, S. 122–23.
[18] Mozart an Maria Anna Thekla Mozart, 5. November 1777,
   ebd., S. 104.

»iezt wünsch ich eine gute nacht, scheissen sie ins
beet daß es kracht...« Und wenig später: »Mein
arsch brennt mich wie feüer! was muß das nicht be-
deüten! – vielleicht will *dreck* heraus? – ja, ja, *dreck*,
ich kenne dich, sehe dich, und schmecke dich – und
– was ist das? – ists möglich? – ihr götter! – Mein *ohr*,
betrügst du mich nicht? – Nein, es ist schon so –
welch langer trauriger ton!« Schließlich kommt er
zur Sache. In einem Abschnitt, worin er mit dem
spielt, worauf er eigentlich scharf ist, fordert er
Bäsle heraus, mit ihm ins Bett zu gehen – oder vielleicht auch, den Gang ins Bett zu wiederholen. »ich
bitte sie, warum nicht? – ich bitte sie, allerliebster
fex, warum nicht?« Das ist es, was er so dringlich
wissen will: »warum nicht? – Curios! ich wüste nicht
warum nicht? – Nu, also, diesen gefallen werden sie
mir thun; – warum nicht? warum sollen sie mirs
nicht thun? – warum nicht, Curios! ich thue ihnens
ja auch, wenn sie wollen, warum nicht? – warum
solle ich es ihnen nicht thun? – Curios! warum
nicht? – ich wüste nicht warum nicht?«[19] Sie offenbar auch nicht.

Diese überschwängliche Beziehung blieb jedoch
Episode, auch wenn Mozart versuchte, sie lebendig
zu erhalten. Um die Außenwelt auszuschließen, er-
fanden die Liebenden eine Privatsprache, die zum
Teil bis heute unentziffert ist; hätte Leopold Mozart
von diesen Briefen Kenntnis erhalten, bei ihm hätten alle Alarmglocken geschrillt. Für Mozart wurde
das Bäsle sein Ein und Alles, jedenfalls eine Zeit

---

[19] Mozart an Maria Anna Thekla Mozart, 5. November 1777,
ebd., S. 104–5.

lang. »Ma trés chére Niéce! Cousine! fille! Mère, Sœur, et Epouse!«, grüßte er sie Mitte November 1777.[20] Nichts psychologisch Bequemeres ließ sich denken als eine Frau, die in einer Person sämtliche Bindungen repräsentierte. Doch ehe noch das Jahr vorüber war, hatte sich Mozart, auch wenn es ihn immer noch nach seiner Kusine gelüstete, bereits in eine andere verliebt. Und wie vorhersehbar, witterte sein Vater Unrat und mischte sich massiv ein.

Aloysia Weber, eine kühle, ehrgeizige sechzehnjährige Schönheit mit lieblicher Stimme, war eine Tochter des Musikers Fridolin Weber in Mannheim, der, weil er in Not geraten war, sein Leben als Souffleur und mit dem Kopieren von Partituren fristete. Seine Begegnung mit der Familie Weber – es gab noch drei weitere Töchter im heiratsfähigen Alter – löste in Mozart reizvolle Fantasien aus, in denen er sich als Retter sah, als jemand, der die Macht hatte, ins Leben anderer entscheidend einzugreifen. Für seinen Vater unverständlich, fand Mozart die Webers höchst annehmbar; er ließ beiläufig fallen, er habe vor, mit ihnen auf Tournee zu gehen, um ihnen wieder zu Wohlstand zu verhelfen.

Obwohl er seinen neu gefassten, drastischeren Plan, Aloysia Weber zu heiraten, für sich behielt – »man kann auch nicht alles schreiben was man denckt«, ließ er den Vater im Verlauf dieser Affäre wissen –, war Leopold Mozart daheim in Salzburg

---

[20] Mozart an Maria Anna Thekla Mozart, 13. November 1777, ebd., S. 121.

entsetzt.[21] Streng erinnerte er seinen Sohn daran, dass er laut Familienbeschluss nach Paris zu fahren habe: »Mache dir Ruhm und *Geld* in Paris.« Schlimmer noch, zog er alle Register des Selbstmitleids. Habe er nicht, »obwohl ich halb Tod war«, alles genau geplant? Habe er nicht als kranker Mann die Koffer seines Sohnes bis um zwei Uhr morgens gepackt und sei vier Stunden später aufgestanden, um den Aufbruch zu organisieren? Hänge denn nicht das simple Überleben der Familie von ihm, dem jungen Wolfgang, ab? »du must aber vor allem mit ganzer Seele auf das Wohl deiner Eltern denken, sonst geht deine Seele zum teufel.« Mit jedem Brief, manchmal waren es mehrere pro Woche, bestürmte er seinen Sohn, sparsam zu sein und Geld zu verdienen – zum Wohl der Familie. Im Februar 1778 riss ihm endlich der ohnehin nicht sehr strapazierfähige Geduldsfaden. An die Stelle der Überredung trat ein Befehlston, der keinen Widerspruch duldete: »*Fort mit Dir nach Paris!*« Und seine Mutter musste er mitnehmen, obwohl sie vorgehabt hatte, nach Salzburg zurückzukehren.[22] Wie erwartet, tat die emotionale Erpressung ihre Wirkung, und Mozart fuhr Mitte März nach Paris weiter, mehr oder weniger verliebt in zwei Frauen, die er in Abständen per Post umwarb.

Aber Mannheim war nicht nur in erotischer, sondern auch in musikalischer Hinsicht eine Offenbarung. Die Komponisten, die in der Stadt lebten, hat-

---

[21] Mozart an seinen Vater, 22. Februar 1778, ebd., S. 290.
[22] Leopold Mozart an seinen Sohn, 12. Februar 1778, ebd., S. 277–79.

ten einen erkennbar eigenen Stil entwickelt – Leopold Mozart sprach vom »vermanierierten Mannheimer goût« –, der sich durch sein akkurates Spiel, seine Ornamentik und seine Crescendos auszeichnete.[23] Das Mannheimer Orchester war das durchgebildetste, das Mozart je gehört hatte; es wurde vom kurpfälzischen Fürsten Karl Theodor großzügig finanziert. »das orchestre ist sehr gut und starck«, berichtete er seinem Vater. Es umfasste zehn oder elf erste und ebenso viele zweite Geigen, vier Bratschen, zwei Oboen, zwei Flöten, zwei Klarinetten, zwei Hörner, vier Celli, vier Fagotte, vier Kontrabasse, Trompeten und Pauken. »Es läst sich eine schöne Musick machen ...«[24]

Das halbe Jahr, das er von März bis September 1778 in Paris verbrachte, erwies sich als eine Art von Albtraum. Die erste Gönnerin, die seine Hoffnungen gründlich enttäuschte, war die Herzogin von Chabot, für die er ein Empfehlungsschreiben hatte. Sie behandelte ihn wie einen Hund, brauchte eine Woche, ehe sie ihn auf ihren Herrensitz einlud, und als er kam, um ihr seine Aufwartung zu machen, ließ sie ihn in einem ungeheizten, kalten Vorzimmer warten. Schließlich wurde er vorgelassen und fand sie und eine Gruppe von Gästen mit Zeichnen beschäftigt; als er dann vorspielen sollte, setzte man ihn an ein »miserables Elendes Pianforte«. »was aber das ärgste war, daß die Mad:^{me} und

---

[23] Leopold Mozart an seinen Sohn, 11. Dezember 1777, ebd., S. 181–82.
[24] Mozart an seinen Vater, 4. November 1777, ebd., S. 101.

alle die herrn ihr zeichnen keinen augenblick unter-
liessen«, während er spielte, »sondern immer fort-
machten, und ich also für die sessel, tisch und
mäuern spiellen muste«. Er erinnerte sich daran,
wie er als kleiner Junge zum ersten Mal Paris besucht hatte, und kam zu dem Schluss, die Sitten
in Paris hätten sich arg verschlechtert; ihre viel
gerühmte »Politesse« grenze »itzt starck an die grob-
heit«.[25]

Es sollte noch schlimmer kommen. Entgegen
Mozarts großartigen Erwartungen war nur wenig
Geld zu verdienen. Mozart ließ seinen Vater wissen,
er gebe mehr Geld aus, als ihm lieb sei, denn er
müsse sich durch die Stadt im Wagen fahren lassen,
weil der »unbeschreibliche Dreck« die Straßen praktisch unpassierbar mache. Er gab Klavierstunden,
was er gar nicht gerne tat; eingetaucht in Musik und
jede Minute von ihr bestürmt, fand er sich, wie er
seinem Vater berichtete, durch das Stundengeben in
seiner Kompositionstätigkeit gestört.[26] Seine Mutter langweilte sich und fühlte sich unwohl. Die
Gastgeber, die ihn einluden, in ihren Residenzen
vorzuspielen, sparten zwar nicht an Komplimenten,
umso mehr aber an den Gagen: »O c'est un Pro-
dige«, riefen sie aus, »c'est inconcevable, c'est éton-
nant. und hiemit adieu.«[27] Ein bisschen Zeit zum
Komponieren fand er immerhin, und die Sinfonie
Nr. 31 in D-Dur (KV 297), genannt die »Pariser«

---

[25] Mozart an seinen Vater, 1. Mai 1778, ebd., S. 343–45.
[26] Mozart an seinen Vater, 1. Mai 1778, S. 345; 31. Juli 1778,
S. 427.
[27] Ebd.

Sinfonie, war die wichtigste Frucht seines Ausflugs nach Paris.

Diese Sinfonie bereitete Mozart viel Vergnügen. Ihm standen ausgezeichnete Instrumentalisten zur Verfügung, darunter viele Musiker aus Mannheim, und er fühlte sich imstande, das Stück für ein größeres Orchester zu setzen als jemals zuvor. Von den kleinen Ensembles, mit denen er sich vor rund einem Dutzend Jahren beschieden hatte, bis zu dieser Größenordnung hatte er einen langen Weg zurückgelegt. Mozarts Bericht von der ersten Aufführung der »Pariser« Sinfonie gewährt uns einen tiefen Einblick in seine Gemütsregungen; so erfahren wir, wie die Befürchtung, sein Werk werde vielleicht beim Publikum schlecht ankommen, den Stolz des Künstlers auf seine Schöpfung erdrückte. Es wurde »mit allem aplauso« aufgeführt und im Couriere de L'europe erwähnt. Kurz, es »hat also ausnehmend gefallen. Bey der Prob war mir sehr bange, denn ich habe mein lebe=tag nichts schlechters gehört; sie können sich nicht vorstellen, wie sie die Sinfonie 2 mahl nacheinander herunter gehudelt und herunter gekrazet haben.« Er wünschte eine weitere Probe, aber die Zeit reichte dafür nicht, und so ging Mozart »mit bangen herzen und mit unzufriedenen und zornigen gemüth ins bette«.[28]

In dieser Stimmung einer mit Angst vermischten Wut beschloss er, das Konzert nicht zu besuchen, änderte dann aber seine Meinung und nahm sich fest vor, notfalls dem ersten Geiger das Instrument zu entreißen und die Sinfonie selbst zu leiten. »ich

---

[28] Mozart an seinen Vater, 3. Juli 1778, ebd., S. 388.

batt *gott* um die gnade, daß es gut gehen möchte, indemm alles zu seiner grösten ehre und glory ist.« Aber »gleich mitten im Ersten Allegro war eine Pasage die ich wohl wuste daß sie gefallen müste, alle Zuhörer wurden davon hingerissen – und war ein grosses applaudißement ...« Um des »Effects« willen hatte er sich entschieden, diese Passage am Ende zu wiederholen. »das Andante gefiel auch, besonders aber das lezte Allegro.« Da er wusste, dass in Paris der Allegro-Schlusssatz gewöhnlich mit vollem Orchester einsetzte, hatte er sich etwas Originelles ausgedacht und ließ acht Takte lang zwei Violinen allein und piano spielen, um dann das Orchester in ein Forte ausbrechen zu lassen. »mithin machten die zuhörer, wie ich's erwartete, beym Piano sch – dann kamm gleich das forte«, mit dem Ergebnis einer weiteren Beifallswoge. Um sich zu belohnen, ging Mozart zum Palais Royal und kaufte sich ein gutes Eis.[29]

Zwischendurch konnte Mozart ein paar andere erfreuliche Neuigkeiten nach Salzburg übermitteln: Anfang Juni berichtete er seinem Vater, »daß nehmlich der gottlose und Erz-spizbub voltaire so zu sagen wie ein hund – wie ein vieh crepirt ist – das ist der lohn!«[30]

Aber im Allgemeinen waren die Nachrichten aus Paris schlimm, sehr schlimm sogar. Mozarts Mutter hatte bereits in Mannheim gekränkelt; und in Paris, wo es kalt und sie oft allein war, verschlimmerte sich ihr Zustand. Sie litt an einer Vielzahl von

---

[29] Ebd., S. 389.
[30] Ebd.

Beschwerden, die von Ohrenschmerzen bis zu Halsweh reichten, aber ihr Mann, der auf dem Laufenden gehalten wurde, ließ sich nicht erweichen; sie durfte ihren Sohn in Paris nicht im Stich lassen. Anfang Juli starb sie, und Mozart, der ein merkwürdiges Verleugnungsspiel trieb, schob die Nachricht von ihrem Tod hinaus und berichtete nach Salzburg, sie sei sehr krank. Als er sich zu diesem frommen Betrug ein bisschen später bekannte, rechtfertigte er ihn mit seiner Absicht, den Vater und die Schwester auf die schreckliche Nachricht vorzubereiten. Wahrscheinlich setzte ihm auch die Angst vor väterlichen Vorhaltungen zu. Jedenfalls gab der gerade verwitwete Vater, der darauf bestanden hatte, dass sie mit Mozart nach Paris ging, und der davon, dass sie vielleicht zu Hause besser aufgehoben sei, nichts hatte hören wollen, prompt dem Sohn die Schuld: dieser habe die Mutter vernachlässigt, habe sich geweigert, ihre Klagen ernst zu nehmen, habe sie durch sein unverantwortliches Betragen in Mannheim genötigt, ihn nach Paris zu begleiten, und bald werde er vielleicht auch noch die Schuld am Tod seines Vaters tragen! Dass Mozart mit Haltung, aber ohne erkennbaren Groll antwortete, zeigt, wie sehr Leopold Mozart den Sohn unter Kuratel hatte.

Dennoch müssen ihn die Attacken und ungerechtfertigten Anschuldigungen seines Vaters getroffen und muss er die Antworten, die sie verdient hätten, heruntergeschluckt haben; wie das bei Leuten mit einem ausgeprägten Gewissen üblich ist, wendete er seinen Zorn gegen sich selbst. »Nur bisweilen habe ich so Melancholische anfälle«, schrieb er seinem Vater Ende Juli 1778. Er wurde mit ihnen auf die gewohnte, eigeninitiative Weise fertig: er stürzte sich in Aktivität.[31] Er komponierte und schrieb Briefe, unter anderem Botschaften an Aloysia Weber. Aber sie war nicht mehr interessiert; vielleicht war sie es nie gewesen. Sie hatte sich eine Anstellung an der Münchener Oper gesichert, und als Mozart gegen Ende 1778 in Mannheim bei ihr zu Hause aufkreuzte, behandelte sie ihn, als sähe sie ihn zum ersten Mal. Laut Georg Nikolaus Nissen (dem zweiten Mann der verwitweten Constanze Mozart und einem von Mozarts frühesten und bestinformierten Biographen) setzte er sich daraufhin ans Klavier und sang lauthals: »Leck mir das Mensch im Arsch, das mich nicht will.«[32] Nach dem, was wir über ihn wissen, passt die Anekdote zu ihm.

Nicht zu vergessen das Bäsle! Seine Gedanken kehrten immer wieder zu ihr zurück; während er unterwegs nach München war, bat er sie, sich dort mit ihm zu treffen. »wenn sie so viell freüd haben mich zu sehen wie ich ihnen, so kommen sie nach München in die werthe stadt – schauen sie dass sie vorm Neüen jahr noch drinn sind, so will ich sie dann betrachten vorn und hind … also kommen sie gewis, sonst ist ein schys; ich werde alsdan in eigner hoherperson ihnen Complimentiren, ihnen den

---

[31] Mozart an seinen Vater, 31. Juli 1778, ebd., S. 422.

[32] Solomon (*Mozart*, S. 169) merkt an, wie das Manuskript zeige, sei dies der von Nissen niedergeschriebene Wortlaut; im Druck veröffentlicht wurde allerdings eine weitaus schicklichere Fassung: »Ich lass das Mädel gern, das mich nicht will.«

arsch Petschieren, ihre hände küssen, mit der hintern büchse schiessen, ihnen Embrassiren, sie hinten und vorn kristiren, ihnen, was ich ihnen etwa alles schuldig bin, haarklein bezahlen, und einen wackeren furz lassen erschallen und vielleicht auch etwas lassen fallen.«[33]

Das Bäsle fand diese krasse Einladung offenbar unwiderstehlich: sie kam nach München und reiste dann mit Mozart nach Salzburg. Der Vater tat sein Bestes, um zu verhindern, dass sie wieder zusammenkamen – und wenn Leopold Mozart sein Bestes gab, konnte sich das sehen lassen! –, sodass der Sohn einen inneren Kampf ausfocht zwischen den Forderungen seiner Sinnlichkeit und dem Gebot kindlichen Gehorsams. Einmal mehr trug der gute Sohn den Sieg davon. Das Bäsle blieb nicht lange in Salzburg. Und auch wenn erst drei Jahre später der Kontakt zwischen den beiden endgültig abbrach, war doch das einstige Feuer längst erloschen.

---

[33] Mozart an Maria Anna Thekla Mozart, 23. Dezember 1778, *Briefe*, Bd. 2, S. 524.

Drei

DER DIENER

Mozart, den Sohn, setzte der Vater mit seinen Lau-
nen und Ängsten unter Druck; Mozart, der Musiker, hatte einen anderen Herrn, den Fürstbischof
von Salzburg. Der erste der beiden Erzbischöfe, denen er diente, war Sigismund, Graf von Schratten-
bach, der höchst zufrieden war, dieses Wunderkind
zu seinen Untertanen zu zählen, und Mozarts
schwierigem Vater gegenüber unbegrenzte Großzügigkeit bewies. Als leidenschaftlicher Musikliebhaber gab er bei Mozart Kompositionen in Auftrag
und sorgte dafür, dass sie auch aufgeführt wurden.
Vielleicht sogar noch angenehmer für die Mozarts
war, dass er sie für ihre langen Tourneen beurlaubte
und ihnen bei der Finanzierung half. In seinen Augen waren sie Sympathieträger, die überall, wo sie
hinkamen, den Ruf Salzburgs förderten. Aber
dann, im September 1771, starb Erzbischof Sigismund, und ihm folgte Erzbischof Hieronymus,
Graf von Colloredo; damit wendete sich nach
kurzem anfänglichem Aufschwung das Glück, das
die Mozarts bis dahin in Salzburg genossen hatten.
    Viele Jahrhunderte lang waren Künstler – Bild-
hauer, Maler, Dichter, Stückeschreiber, Architek-
ten, Komponisten und Vortragende – Diener der
Mächtigen. Die Historiker können uns höchstens

eine Hand voll Ausnahmen von dieser Regel nennen. Zu Beginn des 16. Jahrhunderts, als Papst Julius II. Michelangelo in Rom zu bleiben befahl, konnte der Künstler seinem Herrn die Stirn bieten und die Stadt verlassen, ohne dass es üble Folgen für ihn hatte; denn irgendwie erschien er seinen Zeitgenossen als ein übermenschliches Wesen. Im nächsten Jahrhundert waren die Maler des niederländischen goldenen Zeitalters selbstständige Künstler, die häufig direkt mit ihren Kunden verhandelten. Aber die weit überwiegende Mehrzahl der Künstler dankte ihren Unterhalt einem Mäzen, der eine Komödie oder eine Serenade in Auftrag gab und seine talentierten Diener unterstützte, damit er sich umgekehrt in devoten Widmungen sonnen konnte. Etliche der Dichter oder Komponisten lebten auf den Gütern ihrer Gönner und unterstrichen damit ihre Abhängigkeit. Königliche Häuser, adlige Familien, reiche Patrizier und geistliche Würdenträger zahlten für kulturelle Spitzenleistungen und entschieden über deren Stil. Und in der Regel bekamen sie auch, was sie wollten.

Wenngleich die meisten Produzenten höherer Kultur nach wie vor auf herablassende Gönner angewiesen waren, begann sich aber im 18. Jahrhundert ein neues Verhältnis abzuzeichnen. Dass sich ein Stückeschreiber oder Maler auf Gnade und Ungnade dem Markt auslieferte, erschien nicht länger unvorstellbar. Zu Beginn des 18. Jahrhunderts brachte Alexander Pope auf dem Wege der Subskription seine Übersetzungen der *Odyssee* und der *Ilias* mit Gewinn unter die Leute und vermied auf diese Weise, sich einen Gönner suchen und vor ihm den üblichen Kniefall machen zu müssen. Mehrere Jahrzehnte später erwarb sich Voltaire, der im Übrigen nie aufhörte, sich bei Monarchen einzuschmeicheln, mit dem Verkauf seines epischen Heldengesangs auf Henri IV. an Subskribenten (und auch damit, dass er in großem Maßstab spekulierte) ein Vermögen, dank dem er sich den Luxus leisten konnte, von seinem Schloss aus fortschrittliche Ansichten zu verbreiten und diese gleichzeitig durch seinen überaus aufwändigen Lebensstil zu desavouieren. Im Jahre 1753 gab Samuel Johnson in einem oft zitierten Brief an Lord Chesterfield eine stolze Unabhängigkeitserklärung ab: »Ist nicht ein Gönner, Mylord, jener, der unbeteiligt zusieht, wie ein Mensch im Wasser um sein Leben kämpft, nur um ihn, kaum dass er festen Boden unter den Füßen hat, mit Hilfen zu überhäufen?« Zwei Jahre später ließ sich Johnson durch die Erfahrungen, die er mit dem Adel gemacht hatte, in seinem *Dictionary of the English Language* zu der berühmten Definition inspirieren, ein »Gönner« sei »eine arme Kreatur, die voll Anmaßung Unterstützung gewährt und zum Lohn dafür Schmeicheleien erhält«.

Sogar Joseph Haydn, jahrzehntelang Untertan der Esterházys, einer ungeheuer reichen ungarischen Magnatenfamilie, gelangte zu Mozarts Lebzeiten in den Genuss dieser neuen Freiheit. Haydn komponierte auf Befehl; ihm war untersagt, ohne die Erlaubnis seines Schirmherrn von jemand anderem einen Auftrag anzunehmen oder auf eigene Faust eine Komposition zu veröffentlichen. Im Jahre 1790, als das Oberhaupt der Familie, Nikolaus Esterházy, starb, erhielt Haydn die Erlaubnis, in

Wien zu wohnen und auf Tournee zu gehen. Johann Peter Salomon, ein deutscher Impresario und hervorragender Geigenspieler, der in England lebte, nutzte das, um Haydn nach London einzuladen. Haydn nahm die Einladung mit Vergnügen an und stattete der englischen Hauptstadt zwischen 1791 und 1795 zwei lange Besuche ab; er schrieb dort ein Dutzend seiner letzten und größten Sinfonien. Dennoch wandte er sich nach seiner Rückkehr nach Wien wieder an seine früheren Gönner, die ihm nun allerdings erheblich angenehmere Arbeitsbedingungen einräumten – seine Pflichten waren nicht der Rede wert, und den größten Teil des Jahres über konnte er in Wien leben. Offiziell blieb er jedenfalls bis zu seinem Tod im Jahre 1809 in Diensten der Esterházys.

Auch Mozart sollte den Versuch machen, als freier Komponist und Musiker zu leben. Bevor er sich aber selbstständig machte – das geschah erst 1781 –, mussten er und sein Vater den Kelch der Demütigungen, die einen Diener erwarten, bis zur Neige auskosten. Ihr Oberherr in Salzburg, Erzbischof Colloredo, war hochfahrend und unbeliebt, sogar unter seinesgleichen: neunundvierzig Wahlgänge in der Bischofsversammlung und erheblicher Druck aus Wien waren nötig, ehe er gewählt wurde.[1] Gleichzeitig war Colloredo, mehr sogar noch als sein gutartiger Vorgänger, ein Musikliebhaber und fähiger Musiker. In seiner Darstellung der kontinentaleuropäischen Musikszene berichtete der englische Musikhistoriker und unermüdli-

---

[1] Solomon, *Mozart*, S. 99.

che Reisende Charles Burney: »Der Erzbischof und Fürst von SALTZBURG unterstützt die Musik mit äußerster Großzügigkeit; er hat gewöhnlich an die hundert Musiker, Sänger und Instrumentalisten, in seinem Dienst. Dieser Fürst ist selbst ein *dilettante* und guter Geigenspieler; letzthin hat er große Anstrengungen unternommen, seine Truppe zu verbessern, der man nachgesagt hat, sie zeichne sich mehr durch Grobschlächtigkeit und Lärm als durch Feinheit und Vollendung aus.«[2]

Dass die Geschichte der Beziehungen zwischen dem Erzbischof und den Mozart von zunehmenden Spannungen geprägt war, entbehrt nicht der Ironie. In seiner religiösen und politischen Einstellung war Colloredo ein Reformer, ein begeisterter Anhänger der katholischen Aufklärung; soweit die Mozarts überhaupt politische Überzeugungen hegten, gehörten sie dem Lager des Erzbischofs zu. Als dieser das Bischofamt übernahm, waren die wirtschaftlichen Verhältnisse des Fürstentums zerrüttet. Der Ruf der Universität hatte sich dramatisch verschlechtert. Der Verwaltungsapparat des Fürstentums war aufgebläht, berüchtigt für seine Ineffektivität und durch die allzu lange als selbstverständlich hingenommenen Privilegien verdorben. Colloredo, ein fleißiger und tatkräftiger Verwalter, ordnete das Finanzwesen neu, hob die Steuern an und füllte den Staatssäckel mit dringend benötigten Geldern. Kalt nahm er sich die Sondervergünsti-

---

[2] Charles Burney, *The Present State of Music in Germany, the Netherlands, and the United Provinces* (2. Aufl., 1773), Bd. 2, S. 322.

gungen seines Hofstaats vor und beschnitt sie drastisch. Die Studenten der Universität trieb er zurück zu ihren Büchern, indem er ihnen die Gelegenheiten zu Müßiggang und Ausschweifungen beschnitt; er berief ein paar angesehene Professoren und machte seinen kleinen Staat für auswärtige Akademiker attraktiv. Darüber hinaus gab er sich alle Mühe, durch die Trockenlegung von Sumpfgebieten die Situation der Landwirtschaft zu verbessern. Die Anwendung der Folter und die Grausamkeit des Strafwesens schränkte er ein. Er vereinfachte den religiösen Ritus. Wenn auch vielen seiner Initiativen bestenfalls Teilerfolge beschieden waren, wiesen sie doch in eine Richtung, der die Mozarts Beifall spenden konnten.

Noch mehr nahm, anfangs zumindest, Vater und Sohn für Colloredos Herrschaft ein, dass der Fürstbischof die Mozarts hinlänglich schätzte, um ihnen zahlreiche und vielfältige Kompositionsaufträge für den erzbischöflichen Hof, die Universität und die Salzburger Kirchen zu erteilen. Unter Colloredo, wenn auch nicht immer auf sein Geheiß, schrieb Mozart eine ungeheure Menge Konzerte, Menuette, Streichquartette und andere Musikstücke. Seine Kompositionen machen nie den Eindruck, hastig niedergeschrieben zu sein, aber er arbeitete schneller als je zuvor und komponierte ein halbes Dutzend Sinfonien und die fünf Violinkonzerte. Und in den letzten fünf Jahren, die er in Salzburg verbrachte, war er in der nicht genau definierten Stellung eines Zweiten Konzertmeisters offiziell mit dem Hof verbunden.

Dass Mozart unter Colloredo eine beachtliche Anzahl Messen komponierte, passt ins Bild. Von den Komponisten des 18. Jahrhunderts, die vertraglich an einen Fürsten gebunden waren, gleichgültig, ob es sich um einen geistlichen oder einen weltlichen Fürsten handelte, wurde Kirchenmusik verlangt, die sie oft in kürzester Frist produzieren mussten. Die meisten dieser Kompositionen waren herkömmliche *missae breves*, die bei einer Vielzahl von religiösen Anlässen Verwendung fanden. Auch Mozart musste dieser Pflicht genügen, für ihn aber war die Arbeit auf einem Gebiet, dessen Produktionen sich normalerweise durch blanke Routine und Formelhaftigkeit auszeichneten und im höchsten Maße vernachlässigenswert waren, keine bloße Pflichtübung. »von dieser gattung«, berichtete er im Jahre 1780 stolz seinem Vater, »kann man leicht täglich ein halb duzend componiren.«[3] Aus einem Meer von mittelmäßigen Erzeugnissen ragen seine Messen und Kirchensonaten mit ihrer beachtlichen Tiefe des Ausdrucks – beziehungsweise der gekonnten Simulation von Ausdruckstiefe – hervor. Mozarts bekannteste religiöse Komposition aus dieser Zeit, die Motette »Exultate, jubilate« (KV 165) aus dem Jahre 1773, zeigt übrigens, wie weltlich religiöse Musik aus Mozarts Feder klingen konnte: Ausdrücklich für einen berühmten Kastraten geschrieben und der Stimmlage nach ein Stück für Sopran, ist diese Motette als »Miniatur-Vokalkonzert in drei Sätzen voller glücklicher Einfälle« beschrieben worden.[4] Aber ob seine religiösen Kompositionen nun

---

[3] Mozart an seinen Vater, 13. November 1780, *Briefe*, Bd. 3, S. 19.
[4] Stanley Sadie, *The New Grove Mozart* (1983), S. 31.

fromme oder im Grunde profane Werke waren, dass sie die der Konkurrenten ausstachen, war Mozart bewusst. Während er sich in München aufhielt oder später dann in Wien lebte, bat er seinen Vater wiederholt, ihm die Partituren der einen oder anderen seiner Messen zu schicken; er wusste genau, dass seine Kompositionen in diesem Genre beim Publikum Beifall fanden.

Während seines ganzen aktiven Lebens als Komponist und Musiker hat Mozart seine Heimatstadt verachtet; für ihn war sie nichts als ein Provinznest oder Schlimmeres. Er jammerte über seine Situation in Salzburg, die er als hoffnungslose Fronknechtschaft empfand – in seinem Zorn konnte er nicht einmal würdigen, dass Colloredo ihm und seinem Vater gestattet hatte, ihren Ämtern praktisch jahrelang fernzubleiben. Mit Rücksicht auf den häufigen Urlaub, den er den Mozarts gewährte, dürfte sich der Erzbischof, ungeachtet seiner Neigung zu Zornesausbrüchen, als ein nachsichtiger Herr vorgekommen sein, während ihm die Mozarts als Inbegriff der Undankbarkeit erschienen sein müssen. Aber genau wie sein Sohn nahm Leopold Mozart nur die eigenen, familiären Beschwernisse wahr sowie die Fleischtöpfe, die an fremden Höfen und in ausländischen Hauptstädten winkten.

Zwei eng miteinander verknüpfte Probleme mussten unausweichlich das Verhältnis zwischen Herr und Dienern zerrütten: die immer dringlicheren Ersuchen der Mozarts um ausgedehnte Aufenthalte fern von Salzburg und ihre nur allzu deutlichen Bemühungen, für Mozart das zu finden, worauf er zu Hause nicht hoffen konnte – eine feste, gut bezahlte und angenehme Anstellung. Nicht, dass Colloredo Mozart zu wenig beschäftigt hätte: Dieser hatte alle Hände voll zu tun, die offiziellen Kompositionsaufträge für Festlichkeiten bei Hofe, für die Universität, für die Kirchen des Landes zu erfüllen. Wie sein Vater, der es nie weiter als bis zum Zweiten Kapellmeister gebracht hatte, erhielt er sich teilweise durch einen schlecht bezahlten Posten, den eines Zweiten Konzertmeisters, der ihm genug freie Zeit ließ, um sein Gehalt mit Auftragskompositionen für Adlige aus der Gegend und Mäzene aus dem gehobenen Bürgertum aufzubessern. Er hörte nie auf, sich um eine bessere Stelle außerhalb Salzburgs zu bemühen, und wurde dabei von seinem Vater tatkräftig unterstützt.

Während seiner auswärtigen Aufenthalte trug er keine Scheu, sich für Posten anzubieten – auch wenn sein Vater nicht dabei war. Im September 1777 versuchte er in München, seine Aussichten auf eine feste Anstellung dadurch zu verbessern, dass er bei Hofbeamten um ihre Unterstützung warb und direkt beim Kurfürsten Karl Theodor vorstellig wurde. Salzburg sei ein miserables Loch, erklärte er; angesichts der lebendigen Musikszene Münchens, das damals nur wenig größer war als seine verachtete Heimatstadt, drängte sich ihm deren Unzulänglichkeit noch stärker auf. Er machte kein Hehl daraus, dass er seinen Salzburger Posten verabscheute und nichts sehnlicher wünschte, als davon befreit zu werden: »Salzbourg ist kein ort für mich«, verkündete er in einem Brief an seinen Vater

vom September 1777.[5] Aber seine gezielten Streifzüge – Mozart fuhr in der gleichen Absicht auch
nach Wien – und seine Briefe an mögliche Gönner
in Italien, bei denen es sich um offene oder kaum
verhohlene Bewerbungsschreiben handelte, führten zu nichts.

Oder schlimmer noch, sie richteten Schaden an:
Die unverhohlene Verachtung der Mozarts für Salzburg blieb Colloredo nicht verborgen und ver-
schärfte seine Feindseligkeit ihnen gegenüber. Darüber hinaus erhielt der kaiserliche Hof in Wien, der
Colloredo protegierte, dadurch allen Anlass, diesem unverschämten Vater-Sohn-Gespann zu misstrauen. Im März 1777 hatte Leopold Mozart den
Erzbischof um Urlaub gebeten und war abschlägig
beschieden worden. Ein bisschen später hatte ein
zweiter Versuch Erfolg, aber zu unannehmbaren
Bedingungen: Colloredo erteilte endlich Mozart die
Erlaubnis zu reisen, nicht hingegen seinem Vater.
Auch wenn es wenig entgegenkommend wirkt,
kann man in diesem streitbaren Zugeständnis doch
eine heimliche Hommage an Mozarts Genie sehen:
Colloredo wollte dieses brillante Landeskind wenigstens einigermaßen bei Laune halten.

Die Mozarts waren nicht geneigt, die Sache so zu
sehen. Deshalb fand der Erzbischof im August
1777 auf seinem Schreibtisch ein weiteres Gesuch
vor. Diese merkwürdige Mischung aus Unter-
würfigkeit und Dreistigkeit war mit den damals
üblichen alleruntertänigsten Wendungen an »Ihro

---

[5] Mozart an seinen Vater, 30. September 1777, *Briefe*, Bd. 2,
S. 23.

Hochfürstl. Gnaden, Hochwürdigster des Heil. Röm. Reichs Fürst, Gnädigster Landes Fürst und Herr Herr!« gerichtet, um anschließend Colloredo folgendermaßen zu belehren: »Die Eltern bemühen sich, ihre Kinder in den Stand zu setzen, ihr Brod für sich selbst gewinnen zu können: und das sind sie ihrem eigenen und dem Nutzen des Staats schuldig. Je mehr die Kinder von Gott Talente erhalten haben; je mehr sind sie verbunden Gebrauch davon zu machen um ihre eigene und ihrer Eltern Umstände zu verbessern, ihren Eltern beyzustehen, und für ihr eigenes Fortkommen und für die Zukunft zu sorgen. Diesen Talentwucher lehrt uns das Evangelium.« Diese hochgestochene, abwegig schulmeisterliche Petition ersuchte Colloredo im devotesten Stil, beiden Mozarts zu erlauben, sich Anfang September aus dem Staub zu machen. Und Mozart unterschrieb als seines »Herrn Herrn unterthänigster und gehorsamster Wolfgang Amade Mozart«.[6]

Der Erzbischof, der sich darüber ärgerte, dass man ihm die Heilige Schrift an den Kopf warf, und der zweifellos Leopolds Handschrift in dem Brief entdeckte, den dessen Sohn ihm geschickt hatte, fertigte die beiden mit trockenem Sarkasmus ab und ließ ihnen mitteilen »daß Vater und Sohn nach dem Evangelio die Erlaubniß haben ihr Glück weiter zu suchen«.[7] Leopold Mozart hatte sein Blatt überreizt und war gezwungen, zu Kreuze zu kriechen, um zu

---

[6] Mozart (tatsächlich Leopold Mozart), Mitte August 1777, ebd., S. 4–5.
[7] Erzbischof von Salzburg an Mozart, in: Deutsch, *Mozart*, S. 146.

erreichen, dass er in Gnaden wieder aufgenommen wurde. Er hatte Erfolg und kam mit einer milden Strafe, einem Klaps aufs Handgelenk, davon. Mozart selbst reiste, wie wir wissen, im nächsten Monat in Begleitung seiner Mutter nach Paris ab. Seine längere Abwesenheit konnte den unvermeidlichen Konflikt nur hinausschieben, nicht verhindern.

Die Konfrontation verlagerte sich erst einmal, und Vater und Sohn standen sich als Hauptkontrahenten gegenüber. Eine Zeit lang behielt Leopold Mozart die Oberhand; er zog alle ihm verfügbaren rhetorischen Register und setzte viel Peitsche ein und wenig Zuckerbrot: Der Sohn habe praktisch die Mutter auf dem Gewissen und tue sein Bestes, auch den Vater unter die Erde zu bringen; dennoch sähen seine Freunde in Salzburg seiner Rückkehr ungeduldig entgegen. Er wollte Mozart wieder daheim haben, genau dort, wo es diesen ganz und gar nicht hinzog. Mozart hatte die große, weite Welt genossen und war, abgesehen von dem anmaßenden Verhalten einiger Aristokraten, überall umschwärmt worden. Er verkehrte in den Kreisen der Reichen und Vornehmen. In Salzburg hingegen hatte er das Gefühl, in der Provinz gestrandet zu sein; er empfand sich dort als Subalterner im erzbischöflichen Musikkorps. »Sie wissen, bester freünd«, schrieb er im August 1778 an Abbé Bullinger, seinen väterlichen Vertrauten, »wie mir Salzburg verhasst ist!« Dass der Erzbischof ihn und seinen Vater schlecht behandelte, war schlimm genug; schlimmer noch, dass die Menschen in der Stadt ihm das Leben vergällten. Und im Übrigen, »es ist kein Theater da, keine opera«, und fähige Gesangskünstler waren

Mangelware. Wenig überzeugend beteuerte er, er wolle damit nicht andeuten, dass Salzburg zu klein für ihn sei. Doch er blieb dabei, »dass Salzburg kein ort für mein Talent ist!«[8]

Leopold Mozart mochte der Hauptverehrer seines Sohnes sein, aber der sehnsüchtige Wunsch, ihn in Salzburg bei sich zu haben, um ihn lieben und beherrschen zu können, zusammen mit der Ängstlichkeit, die den einst wagemutigen Musiker erfasst und zu der Überzeugung bekehrt hatte, dass ein viertel Laib Brot besser sei als gar keines, trübte seine Wahrnehmung von Mozarts Größe. Mitte September 1778, während er zögerte, von Paris nach Hause zurückzukehren, warb Mozart um das Verständnis seines Vaters: »das einzige, ich sage es ihnen wie es mir ums herz ist, was mich in Salzbourg degoutirt, ist, daß man mit den leüten keinen rechten umgang haben kann – und daß die Musique nicht besser angesehen ist – und – daß der erzbischof nicht gescheüten leüten, die gereiset sind, glaubt« – mit anderen Worten, Leuten wie Mozart –, »denn, ich versichere sie, ohne reisen (wenigstens leüte von künsten und wissenschaften) ist man wohl ein armseeliges geschöpf! – und versichere sie, daß, wenn der Erzbischof mir nicht erlaubt, alle 2 jahre eine Reise zu machen, ich das Engagement ohnmöglich annehmen kann; ein Mensch von mittelmässigen talent bleibt immer mittelmässig, er mag reisen oder nicht – aber ein Mensch von superieuren talent (welches ich mir selbst, ohne gottlos zu seyn, nicht

---

[8] Mozart an Abbé Bullinger, 7. August 1778, *Briefe*, Bd. 2, S. 438.

absprechen kann) wird – schlecht, wenn er immer in den nemlichen ort bleibt; wenn sich der Erzbischof mir vertrauen wollte, so wollte ich ihm bald seine Musique berühmt machen; das ist gewis wahr.«[9] Und es war nur *allzu* wahr.

Dieser Brief ist eine der aufschlussreichsten Äußerungen Mozarts über sich selbst; er ist bezeichnend für sein Selbstwertgefühl und sein Bewusstsein, eine Sendung zu haben. Falsche Bescheidenheit, was seine Begabung betraf, kannte er nicht; Gott hatte sie ihm gegeben, und er hätte es für ein Sakrileg gehalten, sie nicht ernst zu nehmen. Und im vollen Bewusstsein seiner außerordentlichen Gabe konnte er, ohne deshalb eingebildet zu sein, geltend machen, dass er der Stadt Salzburg zu Ruhm verhelfen würde, wenn man ihm die entsprechenden Entfaltungsmöglichkeiten gab. Hier rechtete ein vernünftiger Sohn mit einem unvernünftigen Vater.

Der Vater aber, wie Mozart schon vorausgesehen haben dürfte, blieb unvernünftig. Im Oktober unternahm Mozart in einem Brief, den er auf der Heimreise aus Straßburg schrieb, einen weiteren Versuch, dem Vater seinen Standpunkt verständlich zu machen, ohne ernsthaft zu erwarten, dass der Vater ihm Gerechtigkeit widerfahren ließ. »… nur sie, liebster vatter, nur sie können mir die bitterkeiten von Salzburg versüssen.« In seiner Heimatstadt, fügte er hinzu, sei er sich seiner Identität nicht gewiss: »zu Salzburg weis ich nicht wer ich bin – ich bin alles – und bisweilen auch gar nichts – ich verlange mir aber nicht *gar so viel*, und auch nicht *gar so*

---

[9] Mozart an seinen Vater, 2. September 1778, ebd., S. 472–73.

wenig – sondern nur etwa – wenn ich nur etwas bin – in jedem andern ort weis ich es ...«[10] Dieser Aufschrei kam von Herzen, aber Leopold Mozart zog es vor, ihn nicht zu hören. Mozart ließ sich Zeit mit der Heimfahrt, aber Mitte Januar traf er – zur großen Empörung seines Vaters mit dem Bäsle im Schlepptau – endlich in Salzburg ein. Unmittelbar nach der Ankunft unterschrieb er ein von seinem Vater ausgefertigtes Schriftstück, in dem er Colloredo erfolgreich um die Stellung eines Hoforganisten ersuchte; dieser Posten brachte ihm 450 Gulden ein, dreimal so viel, wie er als Zweiter Konzertmeister verdient hatte.[11] In dieser Stellung verpflichtete er sich auf zwei Jahre.

Die Musik, die Mozart nach seiner Rückkehr nach Salzburg komponierte, liefert keinen Hinweis auf seine Rastlosigkeit und Unzufriedenheit. Abgesehen von dem, was Colloredo in Auftrag gab, schrieb er vieles für Freunde und freundliche Gönner, darunter zahlreiche bemerkenswerte Kompositionen: die »Posthorn«-Serenade in D-Dur (KV 320), vielleicht das einschmeichelndste seiner vielen reizenden Beiträge zu diesem Genre; die großartige »Krönungsmesse« in C-Dur (KV 317) mit faszinierenden Wiederaufnahmen von Motiven aus früheren Sätzen in späteren und kühnen Tonartwechseln; schließlich die Sinfonien Nr. 32, 33 und 34 (KV 318, 319 und 338), in denen er fortfuhr, dieses Genre zu einem immer ausdrucksvolleren Organ für seine

---

[10] Mozart an seinen Vater, 15. Oktober 1778, ebd., S. 495–96.
[11] Erzbischof von Salzburg an Mozart, in: Deutsch, *Mozart*, S. 163.

unverwechselbare Stimme zu entwickeln. Das außergewöhnlichste Stück aus dieser Zeit ist die konzertante Sinfonie für Violine, Viola und Orchester in Es-Dur (KV 364), die den Rang seiner späten Kompositionen erreicht: Sie begeistert durch das lebendige Zwiegespräch der Soloinstrumente sowie beider mit dem Orchester und rührt durch einen Andantesatz von herzzerreißender Lieblichkeit.

Im Herbst des Jahres 1780 eröffnete sich Mozart dann eine Chance, der er nicht widerstehen konnte: Er erhielt den Auftrag, wieder einmal jene Art Musik zu schreiben, die ihm ein Herzensbedürfnis war – eine Oper. Aus Gründen, die auf der Hand liegen – man denke an den großen finanziellen Aufwand und die Notwendigkeit, Librettist, Regisseur, Sänger und Instrumentalisten für längere Zeit in einem engen Arbeitskollektiv zu vereinigen , kann ein Komponist eine Oper nur schreiben, wenn er dazu den Auftrag erhält. Karl Theodor, der mit seinem Hof in München residierte, hatte den klugen Einfall, Mozart einzuladen, *Idomenée*, eine *tragédie lyrique* des französischen Komponisten André Campra in der höfischen Tradition von Lully und Rameau, neu zu vertonen. Der Auftrag war für Mozart in doppelter Hinsicht erfreulich: er wurde gebeten, eine große Oper zu schreiben, und gleichzeitig kam er weg aus Salzburg. Wäre da nicht der Vater – so der ewige Refrain der Briefe, die Mozart nach Hause schrieb –, er würde liebend gern Salzburg ein für allemal den Rücken kehren. Sein Hass – es war richtiggehender Hass – konzentrierte sich mittlerweile auf ein eng umschriebenes Objekt: nicht Salzburg oder die Salzburger erschienen ihm mit jedem Tag unerträglicher, sondern »der Fürst – die stolze Noblesse«.[12] Sein Vater setzte die Schilderung seiner Gebrechen in allen Einzelheiten dagegen und schwang seine beliebte Keule, indem er laut darüber nachdachte, dass seine Frau wahrscheinlich noch lebte, wäre er damals, als sie krank in Paris lag, dort gewesen. Diese wohl berechnete Herzlosigkeit tat Mozart weh; aber abgesehen davon, dass er milde protestierte, zog er sich auf das bewährte Heilmittel Arbeit zurück, um zu verhindern, dass die wohl gezielten Attacken seines Vaters ihm den Lebensmut raubten.

Mozarts *Idomeneo, rè di Creta* sagte Kritikern und Publikum gleichermaßen zu; neugierige Salzburger, unter ihnen Leopold Mozart und Nannerl, scheuten die Reise nach München nicht, um bei der Premiere mit dabei zu sein. Was sie zu hören bekamen, war eine Oper, die einen ebenso ernsten Ton in ihrer Musik wie in ihrem Libretto anschlug. Ein Opferdrama in antiker Manier – hehre Atmosphäre, erhabene Gangart.[13] Idomeneo, König von Kreta, den ein Sturm an der Landung auf seiner Insel hindert, als er nach Jahren des Herumirrens im Anschluss an den Sieg vor Troja heimkehrt, gelobt, das erste menschliche Wesen, das ihm am Strand begegnet, als Opfer darzubringen, wenn sich der Sturm legt. Das Opfer ist (natürlich!) sein Sohn, Prinz Idamante, der eine trojanische Gefangene, Ilia, eine Tochter des Königs

---

[12] Mozart an seinen Vater, 16. Dezember 1780, *Briefe*, Bd. 3, S. 60.

[13] Daniel Heartz, *Mozart's Operas*, hrsg. von Thomas Baumann (1990), Kap. 1, »Sacrifice Dramas«.

Priamos, liebt, die seine Zuneigung still erwidert. Die Erfüllung ihrer Liebe ist durch Idomeneos Gelübde bedroht wie auch durch Elektra, die Idamante ebenfalls liebt. Nur ein göttlicher Eingriff, der verfügt, dass Idomeneo abdanken und Kreta seinem Sohn übergeben muss, rettet Idamantes Leben und bringt die Liebenden zusammen. Die Götter haben entschieden, dass der Sohn den Vater übertrumpft; wie Mozart diese Lösung gefiel, darüber lässt sich trefflich spekulieren.

Die Oper *Idomeneo* hat immer ihre Bewunderer gefunden. Als Franz Niemetschek sieben Jahre nach Mozarts Tod dessen Lebenswerk beurteilte, nannte er die Oper »das erhabene Werk, worinn eine Gedankenfülle, eine Wärme der Empfindung herrscht, die sich nur von der Jugendkraft eines Tonkünstlers wie Mozart erwarten ließ«.[14] Fast ein Jahrhundert später pries ein so kompetenter Musiker wie Brahms *Idomeneo* als »ein Wunderwerk und voll Frische, da Mozart damals noch ganz jung und keck war! Was für herrliche Dissonanzen, was für eine Harmonik!«[15] In der Mehrzahl wollten die Opernbesucher allerdings Donizetti, später dann Verdi und Wagner hören; wenn es Mozart sein sollte, war *Le nozze di Figaro* oder *Don Giovanni* eher nach ihrem Geschmack. Wie es scheint, konnte das 19. Jahrhundert den würdevollen Arien des Mozart'schen *Idomeneo* nicht viel abgewinnen – es wusste nicht, was es sich entgehen ließ.

---

[14] Niemetschek, *Leben*, S. 21.

[15] Richard Heuberger, *Erinnerungen an Johannes Brahms*, Tutzing 1976, S. 93.

Mitten in seiner Münchener Zeit veränderte ein unvorhergesehenes Ereignis Mozarts Leben. Er hatte seinen Aufenthalt bereits um mehrere Wochen überzogen, aber der Erzbischof war nicht in der Stimmung, sein verirrtes Schaf zur Ordnung zu rufen. Er machte einen Staatsbesuch in Wien und befahl Mozart, sich seinem zahlreichen Gefolge beizugesellen; Colloredo war klug genug, um zu wissen, dass dieser störrische junge Mann ein Juwel war, das heller strahlte als alles, was Wien zu bieten hatte. Mitte März fand sich Mozart bei Colloredo in der Hauptstadt des Habsburger Reiches ein, um für seinen Herrn Musik zu machen. Salzburg sollte er nie wieder zu Gesicht bekommen.

Auch wenn er frohlockte, dass er weit weg von zu Hause und umgeben von Musik war, stellte Mozart doch rasch fest, dass die Konzerttätigkeit, die er auf Geheiß des Erzbischofs ausübte, Wien eine fatale Ähnlichkeit mit Salzburg verlieh. Sein erster Brief an den Vater, den er am Tag nach seiner Ankunft schrieb, enthielt bereits eine ganze Litanei von Beschwerden. Der Erzbischof, der sich im Glanze des Mozart'schen Talents sonnte, ließ ihn im Rahmen seiner dienstlichen Pflichten ständig dem Wiener Hochadel aufspielen und hielt ihn so davon ab, eigene Konzerte zu organisieren. Mozart fasste die Situation sarkastisch zusammen: »Der H: Erzbischof hat die güte und gloriert sich mit seinen leuten – raubt ihnen ihre verdienste – und zahlt sie nicht davor.« Diese befohlenen Konzerte fand er unhaltbar: »… bekomme ich nichts so gehe ich zum Erzbischof und sage es ihm ganz gerade – wenn er nicht will dass ich was verdienen soll, so soll er mich bezahlen dass ich nicht von meinem Geld leben muß.« Als noch kränkender empfand Mozart, dass er das Mittagessen mit der Dienerschaft habe einnehmen müssen, unterhalb der »Herrn Leibkammerdiener«, die am Kopf der Tafel saßen, und nahe den Köchen und dem »zuckerbecker«. »Ich habe doch wenigstens die Ehre vor den Köchen zu sitzen«, bemerkte er spitz.[16]

Mozart sprach es nicht offen aus, man kann sich aber vorstellen, was er dachte. Er war ein in ganz Europa bekannter Komponist und Virtuose, dem eine Königin Leckerbissen zugesteckt, der mit Gesandten diniert, mit aristokratischen Dilettanten über Musik diskutiert, sich in einer erlesenen Gesellschaft zu Hause gefühlt hatte. Und nun dies! Ein bisschen später brach es aus ihm heraus: »Ich wuste nicht daß ich kammerdiener wäre ...«[17] Sein Zorn ging über den privaten Groll eines klassenbewussten Bürgers hinaus. Er war Ausdruck des Bewusstseins, dass einem ernsthaften Musiker ein hoher Rang auf der sozialen Stufenleiter zustand, das österreichische Gegenstück zu Samuel Johnsons abschätziger Definition des adligen Gönners als »armer Kreatur«. Mozarts Protest war Teil eines Prozesses, in dessen Verlauf das kreative Individuum unabhängig von seiner rechtlichen Stellung die volle ihm gebührende Anerkennung einklagte.

Und Mozart begnügte sich auch keineswegs mit bloß verbalen Ausbrüchen gegenüber seinem Vater.

---

[16] Mozart an seinen Vater, 17. März 1781, *Briefe*, Bd. 3, S. 94–95.

[17] Mozart an seinen Vater, 12. Mai 1781, ebd., S. 113.

Nachdem er wochenlang Kränkungen hatte erdulden müssen, vom Erzbischof mit Schmähungen – »Bube, schurke, Pursche, liederlicher Kerl« und anderen wenig erzbischöflichen Beleidigungen – überschüttet worden war und der Erzbischof ihm praktisch selber die Tür gewiesen hatte, bat er um seine Entlassung aus Colloredos Diensten.[18] Das jähzornige Temperament des Erzbischofs hatte über seinen musikalischen Verstand den Sieg davongetragen.

Mozart wusste, dass der Vater ihn wegen der Kündigung heftig tadeln würde, aber er hielt es nicht länger aus. Im Bemühen, den einen Menschen zu gewinnen, der für ihn gleich nach dem lieben Gott kam, appellierte er an die Selbstachtung des Vaters und lockte gleichzeitig mit dem Traumbild von einer komfortablen Existenz, die sich die drei Mozarts in Wien aufbauen würden. Nichts machte Eindruck auf den verängstigten und erzürnten Pater familias. Unter kluger Verwendung einer der Lieblingssentenzen von Leopold Mozart, die er von diesem oft genug zu hören bekommen hatte, erklärte Mozart: »aber meine Ehre – die ist mir – und die muß ihnen über alles sein.«[19] Er konnte keineswegs davon ausgehen, dass sein Vater allen Deklamationen zum Trotz die persönliche Ehre über die soziale Sicherheit stellen würde; an Hinweisen darauf, dass der Vater im Laufe der Jahre in seinen Ansichten »realistischer«, sprich vorsichtiger und ma-

---

[18] Siehe vor allem Mozart an seinen Vater, 9. und 12. Mai 1781, ebd., S. 111, 112.

[19] Mozart an seinen Vater, 19. Mai 1781, ebd., S. 119.

terialistischer, geworden war als der Sohn, hatte es nicht gefehlt.

Zwar brachte der Briefwechsel, der sich im Anschluss an Mozarts Kündigung entspann, für diesen wenig Überraschendes, dennoch empfand er ihn als außerordentlich qualvoll. Die Briefe seines Vaters, die alle paar Tage eintrudelten, sind verloren gegangen, aber ihre Argumentation lässt sich aus Mozarts Antworten erschließen, in denen er um Unterstützung, ja, um Mitgefühl wirbt und mit würdevoller Zurückhaltung seinen Standpunkt verteidigt. »glauben sie mir, mein bester vatter, daß ich alle Männliche stärke brauche, um ihnen das zu schreiben was die vernunft befiehlt – Gott weis es, wie schwer es mir fehlt, von ihnen zu gehen; – aber sollte ich betteln gehen, so möchte ich keinen solchen Herrn mehr dienen.« Drei Tage später, nachdem ihn wieder ein väterliches Sendschreiben tief getroffen hatte, schrieb er an den Vater Worte, die erkennen lassen, dass er mit dem sich verschärfenden Ton der Auseinandersetzung an Entschlossenheit gewann: »… ich kann mich von meinem Erstaunen noch nicht erhohlen, und werde es nie können, wenn sie so zu denken und so zu schreiben fortfahren; – Ich muß ihnen gestehen, daß ich aus keinem einzigen zuge ihres briefes, meinen vatter erkenne! – wohl einen vatter, aber nicht, den Besten, liebevollsten … meinen vatter …«[20] Allem Anschein nach hatte Leopold Mozart im Aufbegehren seines Sohnes einen Beweis eigensüchtiger Halsstarrigkeit erken-

---

[20] Mozart an seinen Vater, 16. und 19. Mai 1781, ebd., S. 116, 118.

nen wollen: Schließlich war Mozart offenbar nicht bereit, sein Privatvergnügen höheren Verpflichtungen – den Pflichten gegen seinen Vater – aufzuopfern.

Anfang Juni erfuhr Mozart von Graf Karl Felix Arco, dem Kammerherrn des Erzbischofs, dass der Vater diesem einen Brief geschrieben hatte, in dem er die Entscheidung seines Sohnes heftig beklagte. Obwohl er Leopold Mozarts unablässiges Trommelfeuer leid war – »ich bin der ganzen sache so müde, dass ich gar nichts mehr davon zu hören wünschte« –, kam er geradezu zwanghaft auf das Thema zurück, das einen Keil zwischen ihn und seinen Vater trieb: »nach der ganzen *ursache*, warum ich quitirte (die sie wohl wissen,), würde es keinem vatter einfallen über seinen Sohn darüber böse zu seyn; vielmehr wenn er es *nicht gethan hätte*.«[21] Zu diesem Zeitpunkt hatte Graf Arco Mozarts Dienstverhältnis mit einem »tritt im arsch« bereits unmissverständlich beendet. Diese nachdrückliche Entlassung ist mittlerweile fester Bestandteil des Legendenschatzes, der sich um Mozart rankt, dennoch scheint sie tatsächlich passiert zu sein: Mozart selbst steht ja für ihre Wahrheit ein.[22] Die heftigen Auseinandersetzungen musste Mozart teuer bezahlen; während der Monate, in denen sie tobten, komponierte er nur einige Sonaten für Klavier und Violine, nichts sonst. Von nun an aber waren Wien und die zweifelhaften Segnungen des Freiberuflertums Mozarts Los.

---

[21] Mozart an seinen Vater, 9. Juni 1781, ebd., S. 127.
[22] Mozart an seinen Vater, 9. Juni 1781, ebd., S. 126, 127.

Vier

DER FREIBERUFLER

Im Jahre 1781, dem Jahr, in dem Mozart fünfundzwanzig wurde und Graf Arco ihm durch einen Tritt
ins Hinterteil nachdrücklich seine Entlassung kund-
tat, war Wien eine expandierende, zunehmend reiche Großstadt mit 80 000 Einwohnern, die sich in-
nerhalb der Stadtmauern zusammendrängten, und
weiteren 150 000, die in den emporsprießenden Vor-
städten wohnten. Die große Mehrzahl der Wiener
lebte am Rande der Armut oder fristete ein kümmer-
liches Dasein und war über jeden Verdacht einer lu-
xuriösen Existenz erhaben. Dass zwischen den
Wohnstätten der Reichen und den Behausungen der
Armen eine große Kluft bestand, unterschied das
Wien jener Tage nicht von anderen Großstädten;
dennoch glaubten ausländische Besucher feststellen
zu können, dass in dieser Hauptstadt das Missver-
hältnis besonders krass war. Adlige und Empor-
kömmlinge bauten sich barocke Paläste im italieni-
sierenden Stil, während die Mittellosen in dunklen,
engen, stinkenden Gassen hausten; das Bürgertum
nahm zwar zahlenmäßig und an Wohlstand zu, war
aber immer noch eine relativ kleine Schicht, die zwischen diesen Extremen ein breites Spektrum bildete.
Dennoch hatte Wien im ausgehenden 18. Jahrhundert seine Reize: Mit ihrem Musik- und Thea-

terleben und einer Fülle an Aufstiegsmöglichkeiten zog die Stadt Menschen an, die sich etwas leisten konnten oder es dazu bringen wollten. Dieser Teil der Stadtbevölkerung sicherte den Herstellern von Seidenstoffen und Porzellan ihre Gewinne sowie denen, die in diesen und ähnlichen Manufakturen für Luxusgüter arbeiteten, anhaltende Beschäftigung. Zwischen 1780 und 1787 vermehrte sich die Zahl der Buchverlage um mehr als das Dreifache und stieg von sechs auf einundzwanzig.[1] Und auf Musik spezialisierte Verlage, vor allem Mozarts wichtigster Herausgeber, die Firma Artaria, die 1766 von Mainz nach Wien umgezogen war, gediehen hervorragend. Ihre Rolle als Regierungssitz des weit verzweigten Habsburger Reiches machte die Stadt Wien besonders interessant für Leute aus den Provinzen, die sich um lukrative Kontakte zu den Mächtigen bemühten. Der kaiserliche Staatsapparat war ein ebenso großer wie mächtiger Arbeitgeber. Mozart vergaß nie (wie hätte er das bei diesem Vater auch vergessen können?), dass Wien die kaiserliche Residenz war und dass die Besetzung begehrter Posten (zu denen auch der des Kapellmeisters zählte) weitgehend in den Händen des Kaisers lag.»Nun ist meine Haupt-absicht hier daß ich mit schöner Manier zum kayser komme, denn ich woll absolument daß er mich *kennen lernen soll*.«[2]

Auch wenn in Sachen Musikleben nur London und Paris Wien ausstachen, war die Stadt noch

---

[1] Nicholas Till, *Mozart and the Enlightenment: Truth, Virtue and Beauty in Mozart's Operas* (1992), S. 93.

[2] Mozart an seinen Vater, 24. März 1781, *Briefe*, Bd. 3, S. 99.

nicht das Mekka der Musik, das sie wenige Jahrzehnte später werden sollte, als sie das Landeskind Schubert und den deutschen Gast Beethoven in ihren Mauern beherbergte. Aber schon zu Mozarts Zeit gab es in Wien begeistert aufgenommene Gesangsabende, Konzerte und Opernaufführungen. Kaiser Joseph II., der bis 1780 zusammen mit seiner Mutter Maria Theresia und nach deren Tod als Alleinherrscher regierte, schuf zwei Einrichtungen, die ihm den Dank der Theaterliebhaber und der Opernfreunde sicherten: im Jahre 1776 rief er ein deutsches Nationaltheater ins Leben und zwei Jahre später eine deutsche Oper. Kaum war Joseph alleiniger Herrscher, sprang das Habsburger Reich, von Wien angeführt, ins aufgeklärte 18. Jahrhundert hinein. Mozart hätte zu keinem günstigeren Zeitpunkt nach Wien kommen können.

Einen ausschließlich den Konzertaufführungen vorbehaltenen Saal hatte die Stadt allerdings nicht: Der begehrteste Aufführungsort war die führende Hofbühne, das Burgtheater, wo mehrere Opern Mozarts, vor allem *Die Entführung aus dem Serail* (1782) Premiere hatten. Mozart war nicht der erste bedeutende Komponist, der sich in Wien niederließ; vor ihm hatten zwei böhmische Komponisten, der große Christoph Willibald von Gluck und Carl Ditters von Dittersdorf, dessen Ruhm fast an den Glucks heranreichte, Wien als förderliches Milieu empfunden.

Und Joseph Haydn, den die Gesellschaft Wiener Musiker lange Zeit schäbig behandelt hatte, triumphierte in der Stadt nicht nur bei seinen seltenen Auftritten, sondern vor allem durch seine Kompositionen, deren Ruhm die Werke aller übrigen Komponisten weit in den Schatten stellte. Unser Bild von Haydn als dem gemütlichen »Papa Haydn« ist eine unwürdige Karikatur. Was ihn auszeichnete, war mitnichten sein fleißiges Komponieren. Zu seiner Zeit komponierten die meisten mit leichter Hand und wie am Schnürchen. Haydn aber war, wie bereits bemerkt, ungeheuer kreativ. In der Geschichte der Musik kommt ihm das Verdienst zu, das Streichquartett praktisch aus der Taufe gehoben und der Sinfonie eine bis dahin unbekannte Brillanz und Großartigkeit verliehen zu haben. Im Alter komponierte er Oratorien, die an die große Tradition Händels anknüpften.

All das sorgte für eine Musikszene in Wien, von deren Aufbruchsstimmung Mozart nur profitieren konnte. Unterstützt wurde sie allenthalben von aristokratischen Musikliebhabern, die zumeist selber passabel zu musizieren verstanden. Die reichsten und engagiertesten unter ihnen, mochten sie nun alten Adelshäusern entstammen oder erst kürzlich in den Adelsstand erhoben worden sein, beschäftigten Hauskomponisten und Hausorchester, die vor erlesenen Zirkeln spielten, aber ein größeres Publikum verdient – und auch erfreut – hätten. Mozarts wichtigster Mäzen war Gottfried, Baron van Swieten, österreichischer Diplomat und Direktor der Kaiserlichen Bibliothek, ein ebenso hochgebildeter wie tatkräftiger Liebhaber der Musik. Van Swieten, der als Gastgeber private Konzerte veranstaltete und in der »Gesellschaft der Associierten«, einem exklusiven Adligenverein zur Pflege alter Musik, den Ton angab, lenkte die Aufmerksamkeit in Wien auf Mozarts Kompositionen und verschaffte ihm Aufträge. In den Siebzigerjahren des 18. Jahrhunderts hatte er sich als Gesandter am Hofe Friedrichs des Großen aufgehalten, wo er mit der Musik Johann Sebastian Bachs bekannt geworden war; in dem Maße, wie er sich mit Mozart anfreundete, ließ er diesen an seiner Entdeckung der Bach'schen Musik teilhaben. Für Mozart war das eine willkommene Auffrischung des lange vergessenen Unterrichts in Polyphonie, den er ein Jahrzehnt zuvor bei Giovanni Battista Martini genommen hatte.

Dass Mozart in den Achtzigerjahren des 18. Jahrhunderts dem Kontrapunkt erneut begegnete und sein Interesse an ihm wieder erwachte, hat man als Zufall bezeichnet. Aber es war die Art von Zufall, die dem zustößt, der darauf wartet. Schon bald nach seiner Ankunft in Wien schloss sich Mozart van Swietens Kreis an. Jeden Sonntag zwischen Mittag und zwei Uhr nachmittags versammelte sich eine kleine Gruppe zu einem privaten Konzert in van Swietens Haus; »und da wird nichts gespiellt als Händl und Bach«, berichtete Mozart seinem Vater.[3] Wie nicht anders zu erwarten, wurde die Wiener Aristokratie – van Swietens Klüngel – Mozarts bevorzugtes Publikum. Demgegenüber erwiesen sich die braven Bürger, von denen viele nach gehobener Kultur strebten, für seine Musik als steiniger Acker. Wie jeder Komponist achtete er durchaus darauf, was seine Hörer besonders ansprach, und bemühte sich, ihnen in den Grenzen, die ihm durch die Forderung der Selbstachtung und die An-

---

[3] Mozart an seinen Vater, 10. April 1782, ebd., S. 200.

sprüche seines Genies gesteckt waren, zu geben, was sie sich wünschten. In der Anerkennung kommerzieller Realitäten ging er allerdings nie so weit wie sein Vater, der die Konzertbesucher weit weniger als ein empfängliches Publikum denn als zahlende Konsumenten betrachtete. »Ich empfehle dir Bey deiner Arbeit nicht einzig und allein für das musikalische, sondern auch für das *ohnmusikalische Publikum* zu denken«, empfahl er seinem Sohn Ende der Achtzigerjahre des 18. Jahrhunderts. »du weist es sind 100 *ohnwissende* gegen 10 *wahre Kenner*, – vergiß also das genannte *populare* nicht, das auch die langen Ohren kitzelt.«[4]

Als aber Mozart im folgenden Jahr nach Wien kam, geriet der wohl gemeinte, wenn auch unerbetene Ratschlag seines Vaters rasch in Vergessenheit. Mozart hatte Wichtigeres zu bedenken: Er war wieder einmal verliebt. Bei der Affäre handelte es sich um jene Art von Zufall, die strikte Deterministen als Schicksal bezeichnen würden. In Wien traf Mozart erneut die Familie Weber, mit der er bereits in Mannheim näher zu tun gehabt hatte. Vater Weber war tot, und im Jahre 1780 hatte Mozarts einstige Angebetete Aloysia Johann Joseph Lange geheiratet, einen Shakespeare-Darsteller und Maler professionellen Zuschnitts. Die übrigen Familienmitglieder – die Mutter und drei Töchter – waren nach Wien gezogen und schlugen sich mehr schlecht als recht mit der Vermietung von Zimmern durch. Ein kaum verhohlenes Leitmotiv im We-

---

[4] Leopold Mozart an seinen Sohn, 11. Dezember 1780, ebd., S. 53.

ber'schen Familienroman bildete die Suche nach Ehemännern für die noch ledigen Schwestern; als Mozart auftauchte, müssen die Webers ihn als viel versprechenden Heiratskandidaten betrachtet haben.

Zweifellos war das auch Leopold Mozart klar. Von augenblicklichem Misstrauen erfüllt, warnte er den Sohn davor, sich von den Webers umgarnen zu lassen. Mozart, der damals bei den Webers logierte, wollte von den Schreckensvisionen seines Vaters nichts wissen; auch nachdem er umgezogen war, hielt er Kontakt zu der Familie. Er interessierte sich für Constanze Weber. Sofort brach ein bitterer, würdeloser Streit zwischen Vater und Sohn aus: Die väterlichen Donnerwetter, eine seltsame Mischung aus Hysterie und Realismus, trafen mit unangenehmer Regelmäßigkeit aus Salzburg ein: Frau Weber, ließ er den Sohn wissen, sei eine Hexe, die ahnungslose junge Männer in die Falle locke und dazu verleite, eine ihrer Töchter zu heiraten; Constanze sei (wie er aus zuverlässiger Quelle erfahren habe) nichts anderes als eine Schlampe. Mozart räumte widerstrebend ein, dass Frau Weber zu viel trinke, er habe sie aber nie »besoffen« erlebt.[5] Und die Mädchen tränken ausschließlich Wasser. Leopold Mozart wechselte die Stoßrichtung und wollte von seinem Sohn wissen, ob er denn wirklich glaube, in seiner ungesicherten finanziellen Lage heiraten zu können.[6]

---

[5] Mozart an seinen Vater, 10. April 1782, ebd., S. 200.

[6] Siehe Mozart an seinen Vater, 15. Dezember 1781, ebd., S. 180.

So sahen die typischen väterlichen Reaktionen aus, noch bevor Mozart überhaupt seine Absichten erklärt hatte. Im Dezember 1781 aber beschloss Mozart, nach monatelangen Andeutungen Klartext zu reden: Er habe vor, Constanze Weber zu heiraten. »sie erschröcken vor diesen gedanken? – ich bitte sie aber, liebster, bester vatter, hören sie mich an!« Mit rührender Offenheit bekannte er: »Die Natur spricht in mir so laut, wie in Jedem andern, und vielleicht lauter als in Manchem grossen, starken limmel. Ich kann ohnmöglich so leben wie die Meisten dermaligen Jungen leute. – Erstens habe ich zu viel Religion, zweiytens zu viel liebe des Nächsten und zu Ehrliche gesinnungen als daß ich ein unschuldiges Mädchen anführen könnte, und drittens zu viel grauen und Eckel, scheu und forcht vor die krankheiten, und zu viel liebe zu meiner gesundheit als daß ich mich mit hurren herumbalgen könnte …«[7]

Das war sein medizinisches Argument; es folgte eine zweckdienliche praktische Begründung fürs Heiraten, die sich unter Junggesellen jahrhundertelanger Beliebtheit erfreute: »Mein temperament aber, welches mehr zum ruhigen und häuslichen leben als zum lärmen geneigt ist – ich der von Jugend auf niemalen gewohnt war auf meine sachen, was Wäsche, kleidung und E: anbelangt, acht zu haben – kann mir nichts nöthigeres denken als eine frau.« Mit einer Frau ließen sich sogar Kosten sparen, viele »unnütze ausgaben« fielen weg. »… ein lediger Mensch lebt in meinen augen nur halb.«[8] Leopold

---

[7] Ebd.
[8] Ebd., S. 181.

Mozart gab nicht so leicht auf und war herzlos genug, seiner schriftlichen Einwilligung, die das glückliche Paar erst nach der Hochzeit erreichte, ein neues Donnerwetter beizufügen, das unter anderem dunkle Andeutungen enthielt, dass Mozart ihm Geld für die Ausgaben schulde, die er gehabt habe, um den Sohn voranzubringen.

Dennoch verloren die Attacken des Vaters, in denen sich das drohende Knurren einer Bulldogge mit Tönen der Eigensucht und des Selbstmitleids mischte, irgendwie an Wirkung. Der Sohn wurde erwachsen; Schuldgefühle mochten ihn martern, weil er dem Vater Trotz bot; dennoch konnte er sich über die eigenen emotionalen und körperlichen Bedürfnisse nicht länger hinwegsetzen. Schließlich war er mittlerweile fünfundzwanzig. Constanze Weber, die dritte der vier Töchter, war sechs Jahre jünger als er und wie ihre drei Schwestern geschulte Musikerin. Vier Jahre zuvor hatte ihm die Familie Weber in ihrer bedrängten Lage Leid getan, und er hatte davon geträumt, ihr zu helfen; jetzt versuchte er allen Ernstes, seinen Vater davon zu überzeugen, dass Constanze vor ihrer fordernden und undankbaren Familie gerettet werden müsse.

Mozart versäumte nicht, seinem Vater deutlich zu machen, dass Constanze Weber mehr sei als ein bedauernswertes, geduldiges und gutartiges Opfer. Wie um neuen Ausfällen aus Salzburg vorzubeugen, beschrieb er seine künftige Braut als »nicht hässlich, aber auch nichts weniger als schön«, als könne dies den Abscheu des Vaters mindern. »ihre ganze Schönheit besteht, in zwey kleinen schwarzen augen, und in einem schönen Wachsthum. Sie hat kei-

96

nen Witz, aber gesunden Menschenverstand genug, um ihre Pflichten als frau und Mutter erfüllen zu können ... versteht die Hauswirtschaft, hat das beste herz von der Welt.«[9] Allerdings – und davon war in Mozarts Bericht nach Salzburg keine Rede – scheinen auch ihre sinnlichen Bedürfnisse mit denen Mozarts zusammengestimmt zu haben. Zwar stimmt es, dass er die anzüglichen Freiheiten, die sie sich in Gesellschaft gelegentlich herausnahm, nicht guthieß; im Frühjahr 1782, ein halbes Jahr vor ihrer Heirat, hätten die beiden die Verlobung fast gelöst, als Mozart Constanze tadelnd vorhielt, dass sie sich im Rahmen eines dreisten Pfänderspiels von einem Mann den Umfang ihrer Waden hatte messen lassen, und Constanze seine herbe Schelte nicht hinnehmen wollte. Gleichzeitig muss ihm aber ihre an Frivolität grenzende Ungezwungenheit als Ausdruck einer inneren Glut erschienen sein, die ihn nur an frühere Augenblicke hemmungsloser erotischer Seligkeit erinnern konnte. Sie war eine zahme Version des Bäsle.

Ihre Ehe war von Spannungen überschattet, aber auch geprägt von Kameradschaftlichkeit und sinnlicher Lust. Sieht man von den wiederholten Kuraufenthalten ab, zu denen Constanze ihre schlechte Gesundheit zwang, scheint den beiden ihr gemeinsames Leben, auf Reisen ebenso wie im Bett, beträchtliche Befriedigung gewährt zu haben. Waren sie getrennt, was selten vorkam, schrieb er ihr lange liebevolle und besorgte Briefe, berichtete ihr, er betrachte jeden Abend eine halbe Stunde lang ihr Bild,

---

[9] Ebd.

und bekannte, er sehne sich nach ihrem hübschen kleinen Arsch. Heftig, eine Spur schuldbewusst und offensichtlich nicht ganz und gar ehrlich, versicherte er, ihr selbst in Gedanken unerschütterlich treu zu sein.

Treu und voll Verlangen: In einem bemerkenswerten späten Brief aus Berlin, der das Datum 23. Mai 1789 trägt, ließ Mozart seine Frau wissen, wie sehr es ihn verlangte, sie bei sich im Bett zu haben. Er griff sogar die erotische Sprache seiner Jugend wieder auf, um die Stärke seines Verlangens zu unterstreichen, und er muss sicher gewesen sein, bei Constanze auf Resonanz zu stoßen. »Donnerstag den 28:ᵗ gehe ich nach dresden ab, alwo ich übernachten werde. Den 1:ᵗ Juny werde ich in Prag schlafen, und den 4:ᵗ *bey meinem liebsten weiberl*; – richte dein liebes schönes nest recht sauber her, denn mein bübderl verdient es in der That, er hat sich recht gut aufgeführt und wünscht sich nichts als dein schönstes [...] zu besitzn. Stelle dir den Spitzbuben vor, dieweil ich so schreibe schleicht er sich auf den Tisch und zeigt mir mit [fragen] ich aber nicht faul [geb] ihm einen derben nasenstüber – der [bursch] ist aber nur [...] jetzt brennt der Schlingel noch mehr und läßt sich fast nicht bändigen ...«[10] Hier schrieb Mozart an seine mutmaßlich letzte Liebe – Gerüchte über mehrere späte Amouren sind nicht zu belegen – in den gleichen ungehemmt sexuellen Wendungen, die er bereits gegenüber seiner ersten Liebe gebraucht hatte.

---

[10] Mozart an seine Frau, 23. Mai 1789, a. a. O., Bd. 4, S. 90.

Diese häuslichen Beanspruchungen hinderten Mozart nicht, im gewohnt rasanten Tempo Musik zu komponieren. Er musste nun für zwei arbeiten, und da immer wieder Kinder dazukamen – das Paar hatte sechs, von denen nur zwei überlebten –, sogar noch für mehr. Er komponierte für eine breite Zuhörerschaft: für den Hof, für Adlige, für wohlhabende Bürger, für Operngänger wie für Konzertbesucher, für Amateurmusiker, die nach seiner Kammermusik lechzten, für seine begabtesten Schüler. Die Namen der vornehmen Familien, in deren herrschaftlichen Häusern er Konzerte gab, für die er großen Beifall und Lohn in klingender Münze einheimste, lesen sich wie ein Handbuch der »feinsten« Familien Wiens. Keine Frage, dass Mozart gern in diesen Kreisen verkehrte; dennoch behielt er darüber stets im Auge, wie wichtig diese Kontakte für seine tatsächlichen oder voraussichtlichen Einkommensverhältnisse waren. Hierin zeigte sich die Wirkung des Vaters als rücksichtslosen Zuchtmeisters und unerbittlichen Lehrers; seine Gebote hatte sich der Sohn voll und ganz zu Eigen gemacht.

Mozart hatte genug aus der väterlichen Unterweisung gelernt, um sich als gewitzter Analyst der Chancen, die ihm der Wiener Musikmarkt eröffnete, zu bewähren. Was der einen Branche dieses Marktes zusagte, gefiel nicht unbedingt auch den anderen; er sah darauf, dass er allen etwas zu bieten hatte. Nicht, dass er jemals Schund komponiert hätte; mittelmäßige Musik hätte er nicht einmal schreiben können, wenn er es darauf angelegt hätte. Selbst das eine, absichtlich schlechte Stück, das er gegen Ende seines Lebens schrieb, *Ein musikalischer*

Spaß, eine lustige Sammlung der schlimmstmöglichen Kompositionsfehler, war sorgfältig durchdacht.

Um ein so vielfältiges Publikum zufrieden zu stellen, versuchte sich Mozart an praktisch jeder nur denkbaren instrumentalen Kombination und nahm die Herausforderung, sich an Unerprobtem zu versuchen, jeweils freudig an. Die Kammermusik oder die Konzerte, die Mozart zwischen 1781 und 1786, also im ersten halben Jahrzehnt seines freiberuflichen Daseins als Komponist, schrieb, legen von seinem kühnen Einfallsreichtum und von der Einfühlsamkeit, mit der er speziellen Wünschen Rechnung trug, Zeugnis ab: er schrieb Märsche und Kontertänze für eine Vielzahl von Instrumenten, Konzerte für Horn, Quartette für Oboe, Geige, Bratsche und Cello, Ensemblestücke mit Hörnern, Klarinetten und Gesangsstimmen in verschiedenster Kombination, eine Sopranarie, begleitet von zwei Oboen, zwei Hörnern, zwei Trompeten, Pauke und Streichern, Trios für Klavier, Geige und Cello oder für Klavier, Klarinette und Bratsche und vieles andere mehr. Er schrieb sogar ein Flötenkonzert, obwohl die Flöte, wie er gestand, das einzige Instrument war, das er nicht ausstehen konnte.[11]

Das ausschließlich mit eigenen Stücken bestrittene Konzert vom 23. März 1783, bei dem er in Anwesenheit Kaiser Josephs II. als Dirigent und Solist auftrat, vermittelt einen Eindruck seiner Vielseitigkeit:

---

[11] Mozart an seinen Vater, 14. Februar 1778, a. a. O., Bd. 2, S. 281.

1. »Haffner«-Sinfonie in D-Dur, Nr. 35 (KV 385)
2. Arie »Se il padre perdei«, aus *Idomeneo* (KV 366)
3. Klavierkonzert in C-Dur, Nr. 13 (KV 415)
4. Szene »Misera, dove son?« (KV 369)
5. Concertante aus der Serenade in D-Dur (KV 320)
6. Klavierkonzert in D-Dur, Nr. 5 (KV 175)
7. Arie »Parto, m'affretto« aus *Lucio Silla* (KV 135)
8. Fuge für Klavier (eine Improvisation); Variationen für Klavier in G-Dur (KV 455)
9. Rondo »Mi speranza adorata« (KV 416)
10. Letzter Satz aus der »Haffner«-Sinfonie (siehe Nr. 1)[12]

Was dieses Programm so überwältigend macht, ist nicht einfach nur die Tatsache, dass Mozart an diesem Abend nur eigene Musik spielte oder dass er eine als Bravourstück beim Publikum beliebte Improvisation einschob, sondern dass es sich bei allen Stücken außer bei den Nummern 6 und 7 um neue Produktionen handelte. Seine Schaffenskraft war mittlerweile fast schon legendär.

Selbst dieser reichhaltige Katalog vermittelt nur einen höchst begrenzten Eindruck von Mozarts Vielseitigkeit. Er genoss es, mit neuen Instrumenten wie dem Klavier zu arbeiten oder für vertraute Instrumente wie die Geige neue Entfaltungsmöglichkeiten zu finden. Seit seiner frühesten Zeit als Komponist, das heißt seit seinem neunten und

---

[12] Philip G. Downs, *Classical Music: The Era of Haydn, Mozart, and Beethoven* (1992), S. 488.

zehnten Lebensjahr, hatte er Klaviersonaten sowie
Sonaten für Klavier mit Violine geschrieben. In
Wien veredelte er nun beide Genres: Schließlich bestand nach der Trennung vom Salzburger Erzbischof sein erster Schritt in die freiberufliche Existenz in der Veröffentlichung eines halben Dutzends
Sonaten für Klavier und Violine. In diesen bemerkenswerten Kompositionen erfuhr der Klavierpart
eine starke Aufwertung; während die meisten Komponisten das Klavier noch als reines Begleitinstru-
ment einsetzten, verhalf Mozart ihm, wie ein Kritiker unserer Tage hervorhebt, zur »Gleichstellung«
mit der Geige.[13] Ähnlich weisen auch seine Klaviersonaten aus jenen Jahren eine markantere dramatische Spannung auf, wobei die 1778 in Paris entstan-
dene Sonate in a-Moll (KV 310) in dieser Hinsicht
besonders gelungen ist. Ein weniger bedeutender
Versuch, die Sonate in A-Dur (KV 331), schließt mit
dem berühmten *Rondo alla turca*. Mozarts Musik
gewann durch schiere Energie eine neue Ausdruckskraft.

Wie so oft versuchte Mozart auch hier, seinen finanziellen Bedürfnissen Rechnung zu tragen, ohne
seinen beruflichen Anspruch zu verraten. Zu seinen
bleibendsten Werken aus der Zeit zählen seine Klavierkonzerte, die er für Aufführungen schrieb, in
denen er selbst als Solist auftrat. In den fünf Jahren
nach 1781, dem Jahr seiner Übersiedlung nach
Wien, schrieb er fünfzehn dieser Konzerte, die für
sich allein bereits einen eindrucksvollen Beleg dieser Schaffensjahre darstellen, da sie das Genre zu bis

---

[13] Sadie, *New Grove Mozart*, S. 93.

dahin unvorstellbaren Höhen der Vollendung führten. Auf gleicher Stufe mit seinen Klavierkonzerten stehen die 1785 Haydn gewidmeten sechs Streichquartette, die einen großartigen Auftakt zu seiner letzten, unübertrefflichen Periode bilden.

Es ist nicht verwunderlich, dass Mozart Haydn mit Streichquartetten ehrte. Unmittelbar nach 1750, als Haydn Kammermusik zu komponieren begann, konnte er auf nur wenige Vorbilder zurückgreifen, die sich der glücklichen Kombination zweier Geigen, einer Bratsche und eines Cellos bedienten. Luigi Boccherini, ein Zeitgenosse Haydns, schrieb fast hundert Streichquartette, von denen die meisten einander ähneln, wenig Originalität beweisen und in der Tat weitgehend das Überraschungsmoment vermissen lassen. Haydn aber machte aus dem Streichquartett etwas Neues; er leistete für das Genre, was Kaiser Augustus für das antike Rom vollbracht hatte: Er fand Ziegel vor und hinterließ Marmor.

Haydns erste Quartette sind noch kaum von einer Musik für kleines Orchester zu unterscheiden. Bis 1770 indes, als Mozart ein erfahrener Komponist war, der sich geschickt aneignete, was seine Zeitgenossen ihm an Erlesenem zu bieten hatten, wurde das von Haydn bereits zu einer Musikform entwickelte Streichquartett von Amateur- und Berufsmusikern gleichermaßen hoch geschätzt. Sein Beitrag zur Notenliteratur war gewaltig: Er schrieb gut über siebzig Streichquartette, gewöhnlich in Sechsergruppen. Ein Vergleich mit Mozarts Vorstößen in das Genre bezeugt, dass die Streichquartette aus Haydns mittlerer Periode ihre Spuren bei dem Jüngeren hinterließen – besonders die 1772 komponierte herrliche Reihe der sechs »Sonnenquartette«, op. 20 (Hob. III: 31–36), die dem Cello neue Bedeutung verliehen. »Das war Schuldigkeit«, soll Mozart anlässlich seiner Widmung an Haydn geäußert haben, »denn ich habe von Haydn erst gelernt, wie man Quartette schreiben müsse.«[14] Falls er das wirklich sagte, übertrieb er ein kleines bisschen, aber nicht sehr.

Der Widmungstext, mit dem Mozart Haydn diese sechs Quartette zueignete, wirkt heute mit seinen blumigen Wendungen überschwänglich, fiel damals aber keineswegs aus dem Rahmen. Tatsächlich kam die Bewunderung für Haydn, zu der sich Mozart hier bekannte, von Herzen: Wenn Haydn Mozart über alle anderen Komponisten stellte, so gab dieser das Kompliment voll und ganz zurück. »Meinem theuren Freunde Haydn« schrieb er in seinem besten Italienisch: »Ein Vater, der bestimmt hatte, seine Kinder in die große Welt zu schicken, glaubte sie vertrauen zu müssen dem Schutz und der Leitung eines damals sehr berühmten Mannes, der glücklicher Weise noch dazu sein bester Freund war. Sieh hier, berühmter Mann und theuerster Freund, meine sechs Kinder.«

Haydns Einfluss trat nicht sofort in Erscheinung. Seine ersten Quartette schrieb Mozart Anfang der Siebzigerjahre des 18. Jahrhunderts, während seiner Tourneen in Italien; er begann mit einer Gruppe von sieben Stücken, der er dann Anfang 1773 sechs weitere hinzufügte. Einige dieser Quartette geben

---

[14] Nissen, *Biographie W. A. Mozart's*, S. 519.

der Bratsche und dem Cello immer noch wenig zu tun und beschränken deren Aufgabe darauf, für die »wichtigeren« zwei Geigen die rhythmische Bassbegleitung zu bilden; es gibt aber auch in diesen Lehrlingsarbeiten schon Momente, die zeigen, dass Mozart auf eine ausgewogenere Behandlung der verschiedenen Streichinstrumente zustrebt. Was Mozart in den Haydn gewidmeten Quartetten erreichte, war die Vereinigung vier gleichwertiger Instrumente zu einem stimmigen musikalischen Gespräch, einem zivilisierten Colloquium – und diese Errungenschaft verdankte er nur zum Teil seinem Lehrer.

Wenn es um einen Beleg für die Einzigartigkeit der Mozart'schen Musik geht, so stehen diese Quartette keiner anderen Komposition Mozarts nach: im Reichtum, in der Klangfarbe und in der Unvorhersehbarkeit der Harmonien, bei denen es den Hörer manchmal kalt überläuft; in der Originalität seiner Melodien, ihrer Macht, zu gefallen und zu überraschen, einer Gabe, die Mozart niemals verlor; in seiner kühnen Behandlung des Kontrapunkts. Sowohl Mozart als auch Haydn verstanden sich auf kompositorische Späße – man denke an Haydns »Abschieds«-Sinfonie und seine Sinfonie »mit dem Paukenschlag« sowie an Mozarts *Musikalischen Spaß* –, und beide verfügten noch über subtilere Formen, ihre Kompositionen einfallsreich zu gestalten. Mozarts besondere Brillanz aber erreicht Höhen (oder Tiefen), die selbst seinem geliebten Haydn unerreichbar bleiben. Als Leopold Mozart 1785 die Haydn gewidmeten Quartette seines Sohnes anhörte, empfand er bei den großartigen »Abwechslungen der Instrumente« solch tiefes Entzücken, dass es ihm Tränen in die Augen trieb.[15]

Für Mozart war »einfallsreich« nicht gleichbedeutend mit »fröhlich«. Jedes seiner Haydn-Quartette schenkt eigene Glücksmomente, aber das letzte in der Reihe, KV 465, führt in die tiefsten Regionen seines Wesens. Es trägt den Beinamen »Dissonanzenquartett« (der Grund ist unschwer einzusehen) und macht sinnfällig, wie ausdrucksstark Mozart sich mittlerweile zu sein traute, wie bereitwillig er die Regeln des Spiels, das er so meisterhaft beherrschte, zu brechen oder auch außer Kraft zu setzen wagte. Die dissonanten Eröffnungstakte des ersten Satzes erregten von Anfang an Unmut; die nächtliche Atmosphäre, in die das übrige Quartett getaucht ist, erhellt sich kaum: die düsteren, getragenen Töne der Bratsche und des Cellos herrschen durchgängig vor.

Um dieses Quartett rankten sich bald schon einige Anekdoten, die nicht alle erfunden sein dürften. Man erzählt sich, geschulte Hörer hätten, als sie das erste Mal die einleitenden Adagio-Takte hörten, einem unachtsamen Setzer die Schuld gegeben, der eine Reihe von Noten falsch gelesen haben müsse. Andere lehnten die Takte einfach als bizarr ab und hielten sie für eine Verirrung Mozarts. Auf uns aber wirken sie wie ein Vorgriff auf die vermutlich auch als fremdartig empfundenen Neuerungen, mit denen zwei Jahrzehnte später Beethoven in den drei »Rasumowsky«-Quartetten, op. 59, seine Zuhörer schockierte.

---

[15] Leopold Mozart an seine Tochter, 16. Februar 1785, *Briefe*, Bd. 3, S. 373.

Mit den düsteren Dissonanzen des den ersten Satz einleitenden Adagios, die Mozart fast zwei Minuten lang unaufgelöst lässt, schafft er ein musikalisch Furcht einflößendes Chaos. Nachfolger dieser qualvollen Takte sind das Vorspiel zur *Schöpfung* von Haydn und die einleitenden Passagen im letzten Satz von Beethovens Neunter Sinfonie, die ebenfalls das Chaos versinnbildlichen. Aber bei Haydn und Beethoven ist das Chaos die ungeschaffene Welt, die rohe Natur, die nach Ordnung verlangt, während in Mozarts »Dissonanzenquartett« das Chaos praktisch von innen herausbricht, als sprengte ein mühsam unterdrückter privater Gefühlssturm die eherne Selbstdisziplin des Komponisten. Ein vergleichbares musikalisches Schreckenserlebnis gestaltet Mozart ein zweites Mal, als die zur Tafel geladene Statue des Komturs kommt, um Don Giovanni in die Hölle fahren zu lassen.

Mit den Haydn gewidmeten Quartetten verabschiedete sich Mozart praktisch von diesem Genre, sieht man von dem »Hoffmeister«-Quartett ab, das von 1786 stammt, sowie den drei »Preußischen« Quartetten, die er im Frühjahr 1791, ein halbes Jahr vor seinem Tod, in aller Eile komponierte. Das bedeutet nicht, dass er die Kammermusik satt hatte; gleich anderen Komponisten seiner Zeit wechselte er zwischen den vielfältigen Möglichkeiten, für kleine Ensembles Stücke zu komponieren, ständig hin und her; bis in die letzten Monate seines Lebens bediente er praktisch alle Genres. Im Jahre 1784 berichtete er seinem Vater aus Wien von einer grandiosen Aufführung seines neuen Quintetts für Oboe, Klarinette, Horn, Fagott und Klavier, »welches ausserordentlichen beyfall erhalten; – ich selbst halte es für das beste was ich noch in meinem leben geschrieben habe … Ich wollte wünschen sie hätten es hören können.«[16] Hätte Leopold Mozart es hören können, er hätte vielleicht vor Entzücken Tränen vergossen; aber nicht einmal dies hätte ihn bewegen können, seinem Sohn zu vergeben. Die zwei tauschten mittlerweile nur noch gelegentlich Briefe aus, denen man die Verkrampftheit anmerkte.

Ende 1781, nach seiner Ankunft in Wien, schrieb Mozart eine deutschsprachige Oper, ein Singspiel – *Die Entführung aus dem Serail*. Nicht einmal die Claque, die eigens angeworben worden war, das Stück auszuzischen, konnte verhindern, dass es auf Anhieb beim Publikum ankam. Es wird zwar seltener aufgeführt als die unumstrittenen Mozart'schen Meisterwerke im Opernfach, dennoch ist es ein reines Vergnügen, seine langen, lebhaften Arien, seinen Reiz des Fremdländischen, seinen komischen Bass und seine Soprane zu erleben. Die Handlung basiert auf einer traditionellen Geschichte, die auf der Bühne in ebenso traditioneller Form abgehandelt wird: Sie erzählt von der Befreiung Konstanzes, einer vornehmen Spanierin, aus dem Harem des Paschas Selim, wo sie gefangen gehalten wird. Der Befreiungsversuch, den ihr Verlobter Belmonte unternimmt, schlägt zwar fehl, aber der Pascha erweist sich als ein Muster an Ritterlichkeit und gibt die Liebenden frei, obwohl er selber Konstanze begehrt und feststellen muss,

---

[16] Mozart an seinen Vater, 10. April 1784, ebd., S. 309.

dass Belmonte der Sohn seines ärgsten Feindes ist. Wie in *Idomeneo* räumt eine Vaterfigur das Feld, nur tut sie es diesmal freiwillig.

Wenn es überhaupt eines Beweises bedürfte, dass Mozart in gehobenen Wiener Kreisen verkehrte, so lieferte diesen Beweis seine Aufnahme in den Orden der Freimaurer Mitte Dezember 1784. Die Loge seiner Wahl trug den Namen »Zur Wohlthätigkeit« und zählte zu den kleineren der acht Logen in der Stadt. Ein erklärter Bewunderer seiner Musik, Graf Johann Esterházy, in dessen Haus Mozart häufig Konzerte gab, dürfte der prominenteste Freimaurer unter Mozarts aristokratischen Freunden und Gönnern gewesen sein. Freimaurer von Adel – Monarchen, Premierminister, adlige Gutsbesitzer – übten in den Logen zwar Einfluss aus, waren dort aber in der Minderheit; das Hauptkontingent der Mitglieder stellten wohlhabende oder zumindest angesehene Bürgerliche wie etwa Verwaltungsbeamte, Schriftsteller, Kaufleute und Verleger.

Mozart durchlief den Hokuspokus der vorgeschriebenen Initiationsriten, wurde Lehrling, dann Geselle und fast gleich darauf Meister. Sein Ruf als Komponist und der Eifer, mit dem er an den Versammlungen teilnahm, trugen zu diesem raschen und glatten Aufstieg bei. Das Entgegenkommen der Loge beantwortete er mit kleinen Freimaurerkompositionen: mit Liedern, Kantaten und Begräbnismusik. Eine seiner größten Schöpfungen, *Die Zauberflöte* (später mehr darüber), ist von den Lehren der Freimaurer durchdrungen; ihr Redestil und ihre verwickelte Handlung bleiben ohne einige Information über diese geschlossene Gesellschaft mit ihren wenigen, eifersüchtig gehüteten Geheimnissen praktisch unverständlich.

Die Freimaurer, die viel für Zeremoniell und Pseudostammbäume übrig hatten, führten ihre Bruderschaft stolz, wenn auch schwerlich realistisch, auf ebenso ehrwürdige wie alte Ursprünge zurück; allerdings breiteten sich die Logen erst seit dem Anfang des 18. Jahrhunderts in Europa und den nordamerikanischen Kolonien Großbritanniens aus. Als Mozart den Freimaurern beitrat, war die Zahl der in der westlichen Welt verstreuten Logen auf etwa siebenhundert angewachsen. Die Bewegung erreichte Wien 1781; in diesem Jahr wurde die nachmals größte Loge der Stadt mit Namen »Wahre Eintracht« gegründet, die zu der Zeit, als sich Mozart den Freimaurern anschloss, ungefähr zweihundert Mitglieder zählte, unter ihnen bekannte Größen des Wiener Geisteslebens. Sie hielten Versammlungen ab und führten Gespräche.

Bei allem Bekenntnis zu Prinzipien der Aufklärung blieb das Habsburger Reich ein autoritär geführtes Staatsgebilde, in dem nur wenige Männer aus den gebildeten Schichten gerade genug Bewegungsspielraum hatten, um als Gruppe grundlegende politische und religiöse Probleme öffentlich zur Diskussion zu stellen; von der Möglichkeit, Reformpläne vorzulegen, konnte keine Rede sein. So kam es, dass sich die Freimaurerlogen zu ernsthaften Diskussionszentren entwickelten und sich philanthropischen Werken widmeten – sie waren eine Art Kaffeehäuser gehobenen Niveaus und mit praktischen Konsequenzen. Sie bildeten eine Verschwörung zu wohltätigen Zwecken. Mozart äußert sich nicht zu seinen freimaurerischen Überzeugungen, aber dass er einigermaßen stolz auf seine Mitgliedschaft war, ist unverkennbar. Und endlich einmal gelang es ihm, in dem ständigen Vater-Sohn-Duell den Ton anzugeben; im Frühjahr 1785 bewog er seinen Vater zum Eintritt in den Orden.

Leider war die Freimaurerei anfällig für bittere interne Spaltungen, von denen Mozart etliche miterlebte. Bei allem Gewicht, das die Logen auf die Einheitlichkeit der rituellen Praxis und der moralischen Ziele ihrer Mitglieder legten – in ihren Augen gab es nur einen einzigen, verbindlichen Tugendkanon –, blieben sie doch ein instabiles Gemisch aus unvereinbaren Anschauungen. Eine einflussreiche Fraktion der Freimaurer huldigte einem eklektischen Mystizismus, der angeblich uralten hermetischen Überlieferungen entstammte; diese Anhänger dunkler Lehren aber lebten in unbehaglichem Nebeneinander oder lagen häufiger noch im offenen Streit mit Logenbrüdern, die sich voll und ganz dem moralischen Programm der Aufklärung verschrieben hatten, das seine Kraft einzig und allein aus einem kritischen Rationalismus zog.

Die sorgsam inszenierten Initiationsriten der Freimaurer, ein mit säkularen Salbadereien angereichertes Potpourri aus liturgischen Versatzstücken, sind ein deutlicher Hinweis auf diesen gemischten Charakter der Logen. Als Mozart und ein anderer Novize am 14. Dezember 1784 in den Orden eingeführt wurden, begann die an sie gerichtete feierliche Begrüßungsrede mit den Worten: »Heilig sey dieser Tag, o Menschheit! es haben sich zu Beförderung

deines Wohls zwey Glieder an die grosse Maurer-
kette angeschlossen; an der Stuffe des feyerlichen
Altars zween deiner Söhne den unverbrüchlichen
Eyd abgelegt, mit uns vereint, sich ganz der Tugend
und Weisheit zu weihen!« Die Bruderschaft deckte
die Initianden mit schwülstiger Rhetorik ein: »Was
dürfen wir nicht von Ihnen erwarten, mein Bruder,
der Sie zum Lehrer des Volkes, zum Apostel der
Wahrheit bestimmt sind?«[17] Unbeteiligte Beobachter fragten sich, ob diese hochstilisierte Darbietung
einer tief empfundenen Esoterik entsprang oder
einfach nur dazu bestimmt war, einem geselligen
Ereignis ein gewisses Maß an Feierlichkeit zu verleihen.

Auch wenn Mozart sich nicht zu seinem Frei-
maurertum geäußert hat, scheint er doch auf der
Seite der freidenkerischen Fraktion gestanden zu
haben, die für religiöse Toleranz und politische Reformen eintrat. »denn ein Pfaff ist zu allem fähig«,
äußerte er in diesen Jahren einmal gegenüber seinem Vater.[18] Das machte ihn nicht zum Ketzer,
aber Mozarts Katholizismus (wie auch der seines
Vaters) war frei von Bigotterie, aufgeschlossen für
weltliche Erfahrungen und mehr als nur antiklerikal
angehaucht. Wir wissen, dass Mozart kein Anhänger Voltaires war und sich, außer wenn es die eigene
Karriere betraf, auffallend wenig für Politik interessierte. Während seiner letzten beiden Lebensjahre,
von 1789 bis 1791, wurde Europa von der Französischen Revolution erschüttert; in seiner Korrespon-

---

[17] Solomon, *Mozart*, S. 325.
[18] Mozart an seinen Vater, 21. Mai 1783, *Briefe*, Bd. 3, S. 270.

denz indes verliert er kein Wort über dieses große
historische Beben. Dennoch vermochte er sich
Beamten, Gelehrten und Philanthropen anzu-
schließen, die im Blick auf gute Werke und die Aus-
breitung von Vernunft und Wissenschaft an der
überkommenen christlichen Lehre ein Ungenügen
empfanden. *Die Zauberflöte* hat, wie noch zu sehen
sein wird, viele Facetten; aber sie war auch ein ratio-
nalistisch-freimaurerisches Bekenntnis zu Wahrheit, Liebe und Menschenwürde. In dem bedeutendsten Singspiel, das Mozart komponierte, singen
Papageno und Pamina: »Mann und Weib und Weib
und Mann reichen an die Gottheit an.«

In der Anfangszeit der Mozart'schen Mitgliedschaft bei den Freimaurern waren die österreichischen Logen begeisterte Anhänger Josephs II., und
der Kaiser wiederum hielt seine schützende Hand
über sie. Nachdem Joseph 1780 Alleinherrscher geworden war, hatte er mehr Bewegungsfreiheit und
konnte rascher auf Reformen zusteuern als in der
Zeit, da er sich die Herrschaft noch mit seiner frommen Mutter hatte teilen müssen. Er zentralisierte
die Staatsverwaltung. Er verstaatlichte das Rechts-
system, zwang die Gerichte zu menschenfreundli-
cheren Urteilen und demokratisierte ihre Verfahren.
Er verringerte die althergebrachten Abgaben und
Verpflichtungen, die auf den Bauern lasteten, und
ergriff Maßnahmen, um den Handel von seinen merkantilistischen Fesseln zu befreien. Er
schränkte die Macht des Klerus ein, hob Klöster auf
und erließ ein Toleranzedikt zugunsten der Juden
und anderer religiöser Minderheiten. In einem Brief
an seinen Bruder, der ihm 1790 als Leopold II. auf

dem Thron folgte, hielt er sich zugute, er habe mit der Einführung aufklärerischer Prinzipien tief verwurzelte Traditionen entkräftet.[19] Die Anhänger des Rationalismus unter den Freimaurern zollten dieser Politik Beifall; in ihren Augen war Joseph der ideale Herrscher, der die Diktatur der Tugend errichtete.

Die volle Zustimmung wich indes rasch der Bestürzung. Joseph setzte seine Reformen von oben mit einer Hast und Unerbittlichkeit durch, die wenig Rücksicht auf persönliche Empfindungen und privates Eigentum nahm. Er war unverbindlich und kompromisslos und legte eine Haltung an den Tag, die der große amerikanische Historiker Richard Hofstadter einmal als »die Rücksichtslosigkeit des reinen Herzens« bezeichnet hat. Soweit er ein Kind der Aufklärung war, gehörte er ihrem despotischen Flügel an, der die Menschen beglückte, ohne sich darum zu scheren, ob es ihnen genehm war. Zu seinen Opfern zählten auch die österreichischen Freimaurer. Insbesondere durch das anmaßende Auftreten ihres antirationalistischen Flügels irritiert und nicht bereit, eine auch nur halbwegs unabhängige Macht im Staate neben sich zu dulden, mischte er sich 1785 in die Angelegenheiten auch der aufgeklärten Wiener Freimaurerlogen ein, zwang sie, sich zu zwei Logen zusammenzuschließen, ernannte neue Logenmeister, um sie seinem Willen gefügiger zu machen, und schränkte die Zahl der Neuaufnahmen strikt ein. Die Vorstellung, dass es so etwas ge-

---

[19] Leo Gershoy, *From Despotism to Revolution, 1763–1789* (1944), S. 105.

ben könne wie eine staatstreue Opposition, war noch Zukunftsmusik und erlebte ihre Geburt in England, nicht in Österreich.

Während in diesen schwierigen Zeiten viele Freimaurer aus ihren Logen austraten, blieb Mozart eisern dabei; offenbar fühlte er sich von den freimaurerischen Idealen der Menschlichkeit, Vernunft und Gleichheit angezogen. Seine Biographen haben sich zu Recht gegen den verbreiteten Vorwurf gewandt, er sei Freimaurer geworden und geblieben, weil er sich in schwierigen Verhältnissen befunden und seine Logenbrüder wegen ihres Reichtums und der Freigebigkeit ihm gegenüber geschätzt habe. Tatsache ist, dass seine Treue zur Loge und seine Geldnöte zeitlich zusammenfielen; aber von einem ursächlichen Zusammenhang zwischen Letzteren und Ersterer kann keine Rede sein. Nicht zu leugnen ist allerdings, dass schon bald nachdem Mozart sich den Freimaurern angeschlossen hatte, idealistisches Motiv und praktisches Interesse eine zweckmäßige Verbindung miteinander eingingen.

Fünf

DER BETTLER

Am 20. November 1785 richtete Mozart an seinen Logenbruder, den Verleger und Komponisten Franz Anton Hoffmeister, die folgende demütige Bitte: »Ich nehme meine Zuflicht zu ihnen, und bitte sie, mir unterdessen nur mit etwas gelde beyzustehen, da ich es in diesem augenblick sehr nothwendig brauche.«[1] Dabei war das Jahr, finanziell gesehen, sehr gut für ihn gelaufen; er muss an die 3000 Gulden verdient haben, mindestens doppelt so viel, wie eine gutbürgerliche Familie in Wien für ihren Lebensunterhalt brauchte. Das war nicht das letzte Mal, dass er sich hektisch um Geld bemühte, und seine Bittgänge wurde zunehmend würdeloser, bis er sich in seinem letzten Lebensjahr ökonomisch einigermaßen erholte und seine Stimmung sich hob.

Zugegeben, die herrschenden Kreise der Donaumonarchie taten wenig für ihn. Im November 1787 wurde Mozart zum Kammermusicus am Hofe Josephs II. ernannt. Er hatte endlich den Fuß in der kaiserlichen Tür, aber die Pfründe war klein und wenig ergiebig; sie nutzte ihm weniger als erhofft. Er hatte nur geringfügige Pflichten – musste Tänze für den

---

[1] Mozart an Franz Anton Hoffmeister, 20. November 1785, *Briefe*, Bd. 3, S. 454.

jährlichen Ball im Redoutensaal liefern –, aber ebenso geringfügig war sein Gehalt: achthundert Gulden im Jahr. Es sei zu viel für das, was er leiste, soll er voll Bitterkeit geäußert haben, aber zu wenig für das, was er leisten könne. Er konnte gar nicht umhin zu erfahren, dass Gluck, der gerade verstorbene bisherige Inhaber der Stelle, ein üppiges Salär von 2000 Gulden empfangen hatte. Das versetzte seiner Selbstachtung, seinem »credit«, wie er sich ausdrückte, einen weiteren Schlag.

Kein Wunder, dass die Wiener sich seitdem den Vorwurf gefallen lassen müssen, in fühlloser Gleichgültigkeit zugelassen zu haben, dass der genialste Mensch, den die Stadt je beherbergte, in schändliche Armut fiel und anonym in einem Armengrab verscharrt wurde. An diesem Vorwurf ist etwas dran, aber er ist nur zu einem kleinen Teil berechtigt. Mozart war kein guter Haushalter. Zu seiner Verteidigung ist mit Recht geltend gemacht worden, dass die Lebenshaltungskosten in Wien höher waren als in Salzburg und Mozart außergewöhnliche Ausgaben hatte; darunter fielen die wiederholten Kuraufenthalte seiner Frau während einer Schwangerschaft oder wegen diverser anderer Leiden. Allerdings leistete er sich selbst dann noch manchen Luxus, wenn seine Finanzen – und seine Stimmung – auf dem Tiefpunkt waren.

Fast während des ganzen Jahrzehnts, das er in Wien verbrachte, hätte Mozart also durchaus von seinen Einkünften leben können; sie reichten mehr als aus, um ihm, seiner Frau und seinen beiden überlebenden Kindern den Lebensunterhalt zu sichern. Nachdem er ein halbes Jahr als selbstständiger Musiker gelebt hatte, rechnete Mozart in einem Brief vom Januar 1781 seinem Vater vor, ein Ehepaar, das wie sie bereit sei, ein ruhiges Leben zu führen, könne mit ungefähr 1200 Gulden pro Jahr auskommen. Damals, in der von Zuversicht erfüllten Anfangszeit seines Freiberuflerdaseins, meinte er, dieses Mindesteinkommen ohne Mühe verdienen zu können. Nahm er zu den drei Schülern, die er hatte, nur einen weiteren dazu, dann brachte er es – so seine Überlegung! – auf über hundert Gulden im Monat.

Frohgemut baute er auch auf weitere Geldquellen: »ich kann freylich das Jahr wenigstens eine oper schreiben – ich kann alle Jahr eine accademie geben. – ich kann sachen stechen lassen. – sachen auf suscription herausgeben …«[2] Er war sich auch sicher, dass ihm die Konzerte, die er in den Stadtpalästen des hohen Adels geben würde, erkleckliche Gagen einbrächten. Dennoch erwiesen sich seine Einkünfte bald schon als zu gering, um den Bedürfnissen zu genügen, auf deren Befriedigung er Anspruch machte. Maynard Solomons peinlich genaue Buchführung über Mozarts Einkünfte während seiner Wiener Zeit räumen jeden Zweifel daran aus, dass er durchweg erheblich mehr verdiente als die jährlichen 1200 Gulden, die er für eine angemessene Lebensführung als nötig erachtet hatte: 1784 nahm er mindestens 3700 Gulden ein, 1787 waren es wenigstens 3300 Gulden – wahrscheinlich lagen die Summen sogar noch höher. Selbst in seinen kärgsten Jahren – 1788 bis 1790 – verdiente er nie weniger als 1400 Gulden.[3] Dennoch wurden verzweifelte

---

[2] Mozart an seinen Vater, 23. Januar 1782, ebd., S. 195.
[3] Solomon, *Mozart*, S. 297, 521–28.

und oft demütigende Bitten um Geld bei ihm zur Gewohnheit.

Allem begeisterten Beifall hoch stehender Wiener Amateure und all den bewundernden Huldigungen zum Trotz, die man in Prager Musikkreisen dem Lieblingskomponisten zollte, wartete auf Mozart keine bessere Position als die eines Kammermusicus – und daran änderte auch die öffentliche Anerkennung, die ihm der Kaiser bezeigte, nichts. Und so gab er denn weiterhin Stunden, was ihm, wie wir wissen, wenig zusagte. Diese Tätigkeit konnte auch, wenn man seiner Darstellung glauben darf, verfänglich sein. Inwieweit man seiner Darstellung glauben darf, steht auf einem anderen Blatt, denn bei mindestens einem besonders anschaulichen Bericht an seinen Vater mag es sich um eine nicht besonders subtile Erdichtung gehandelt haben, die beweisen sollte, wie gewissenhaft er im Umgang mit Frauen war. So heißt es denn von einer unattraktiven, aber zudringlichen Schülerin: »sie ist dick wie eine bauerndirne; schwitzt also daß man speien möchte; und geht so blos – daß man ordentlich lesen kann. – *ich bitte euch schauet hier her*; das ist wahr zu sehen ist genug; daß man blind werden möchte ...«[4] Dennoch blieb ihm, wie er beklagte, gar nichts anderes übrig, als unwillkommene Aufmerksamkeiten dieser Art über sich ergehen zu lassen; der Vater hatte sich schon zu Recht um Mozarts ungewisse finanzielle Zukunft Sorgen gemacht. Auch wenn seine Einkünfte in Wien das in Salzburg bezogene

---

[4] Mozart an seinen Vater, 22. August 1781, *Briefe*, Bd. 3, S. 151.

Gehalt weit überstiegen, reichte es irgendwie hinten und vorne nicht.

Für Leopold Mozart stand der verschwenderische Lebensstil seines Sohnes außer Frage; im Februar 1785, als er die Mozarts in Wien besuchte, berichtete er Nannerl: »daß dein Bruder ein schönes quartier mit aller zum Hauß gehörigen Auszierung hat mögt ihr daraus schlüssen, weil er 480 fl Hauszüns zahlt.«, mehr als das Dreifache der Summe, die er für eine frühere, bescheidenere Wohnung bezahlt hatte.[5] Was Mozart in die Augen stach, kaufte er; in dieser Unfähigkeit, sich Wünsche zu versagen, und allein darin, blieb er so etwas wie ein Kind. Er ließ sich für beträchtliche Summen ein spezielles Klavier anfertigen; für Tourneen kaufte er teure, handgefertigte Schuhe und modische Kleider; er hatte sich offenbar einzureden vermocht, dass sein täglicher Umgang mit den oberen Schichten zwingend eine Kutsche erforderte; er meinte, sich unbedingt ein Pferd halten zu müssen, um sich bei Ausritten zu entspannen.[6] Zu dem Komfort, der ihm am wichtigsten war, zählte ein Billardtisch; sein Biograph Niemetschek sprach als Augenzeuge, wenn er sich erinnerte: »Das Billardspiel liebte er leidenschaftlich.«[7] Mit diesem extravaganten Lebensstil suchte er die Achtung der adligen Kreise zu erringen und weder als Lakai noch als anmaßender Emporkömmling, sondern als kultivierter Künstler zu

---

[5] Leopold Mozart an seine Tochter, 16. Februar 1785, ebd., S. 372.
[6] Solomon, *Mozart*, S. 298.
[7] Niemetschek, *Leben*, S. 64.

erscheinen, der zumindest im musikalischen Bereich von denen, in deren Häusern er verkehrte, als ebenbürtig anerkannt wurde. Persönliche Geltungssucht und soziales Prestigedenken waren bei Mozart eng miteinander verquickt.

In dem Maße, wie seine Geltungssucht immer wieder mit der gesellschaftlichen Realität kollidierte, wuchsen seine Besorgnisse und Ängste. Es gab Augenblicke in diesen letzten Lebensjahren Mozarts, in denen ihn seine finanziellen Nöte (beziehungsweise was er als solche ansah) zu einer erbarmungswürdigen Figur werden ließen, wobei ihm sein Stolz und seine Empfindlichkeit die Situation nur noch unerträglicher machten. Er wusste sehr genau, wann er einen Bettelbrief schrieb, und trotzdem schrieb er ihn. Mozart litt in dieser Zeit an Anfällen von Depression, die er vor den ihm Nahestehenden auch nicht mehr verbergen konnte. Wie Niemetschek sich erinnerte, fiel der bereits kränkelnde Mozart in seinem letzten Lebensjahr in »düstere Schwermuth«.[8] Neu war ihm diese Stimmung nicht; im Jahr zuvor schrieb er in einem Brief an seine Frau, er freue sich wie ein Kind bei der Aussicht, sie wieder zu sehen, und fügte hinzu: »wenn die leute mein herz sehen könnten, so müsste ich mich fast schämen. – es ist alles kalt für mich – eiskalt.«[9] Die Sehnsucht nach der zugleich mütterlichen und sexuell erregenden Berührung seiner Frau, die Hand in Hand mit seiner Depression ging, macht

---

[8] Ebd., S. 34.
[9] Mozart an seine Frau, 30. September 1790, *Briefe*, Bd. 4, S. 114.

deutlich, dass seine Not sich nicht im Geldmangel erschöpfte.

In seiner Verzweiflung trat Mozart an seinen Logenbruder Michael Puchberg heran, einen wohlhabenden Fabrikanten, Kaufmann und Privatbankier. Bis zu Mozarts Tod blieb Puchberg sein zuverlässigster, wenn auch nicht sein einziger Gläubiger – auch wenn er bei aller Zuverlässigkeit weniger schickte, als Mozart erbeten hatte. Mozarts Bittbriefe zeugen von einem lähmenden Druck, einem regelrechten Zusammenbruch seiner Selbstachtung. »Ihre wahre Freundschaft und Bruderliebe«, begann der erste seiner Briefe an Puchberg im Juni 1788, »macht mich so kühn, Sie um eine große Gefälligkeit zu bitten«, nämlich um ein Darlehen von hundert Gulden, das Puchberg ihm auch umgehend schickte.[10] Um dieselbe Zeit fühlte er sich ermutigt, Puchberg einen Plan vorzutragen, nach dem dieser ihm – »gegen gebührenden Intereßen« – für ein oder zwei Jahre ein- oder zweitausend Gulden leihen sollte, damit er »mit sorgenlosern gemüth und freyern herzen *arbeiten*, folglich mehr *verdienen*« könne. »Sie werden gewis selbst *sicher* und *wahr* finden, daß es übel, ja ohmöglich zu leben sey, wenn man von Einnahme zu Einnahme warten muß!«[11] Wie er seinem Vater so oft versichert hatte, wenn er sich von dessen unablässigen Klagen und Vorwürfen belästigt fühlte, brauchte er eine gewisse Ausgeglichenheit des Gemüts, um komponieren zu können. Puchberg, der nicht willens oder imstande war, Mozart in seinen Bestre-

[10] Mozart an Michael Puchberg, Juni 1788, ebd., S. 65.
[11] Mozart an Michael Puchberg, 17. Juni 1788, ebd., S. 65–66.

bungen, sich durch finanzielle Sicherheit emotional zu stabilisieren, entsprechend zu unterstützen, schickte ihm zweihundert Gulden.

Im folgenden Jahr waren Mozarts Briefe womöglich noch kriecherischer. Am 12. Juli 1789 sandte er an seinen »liebsten, besten Freund« eine verzweifelte Botschaft: »Gott, ich bin in einer Lage, die ich meinem ärgsten feinde nicht wünsche; und wenn Sie bester Freund und Bruder mich verlassen, so bin ich *unglücklicher* und *unschuldigerweise* sammt meiner armen kranken Frau und Kind verlohren.« Auch er sei krank und außerstande gewesen zu arbeiten, habe sich jetzt aber wieder ans Komponieren gemacht und beste Aussichten. Er bat um fünfhundert Gulden und fügte einen Rückzahlungsplan an.

Dieser Bittbrief vermittelte Mozart ein solches Gefühl der Selbsterniedrigung, dass er ihn nicht gleich losschickte. »Ach Gott!«, schrieb er zwei Tage später, »ich kann mich fast nicht entschließen, diesen Brief abzuschicken! – und doch muß ich es!«, er schloss mit einer abgehackten Sequenz, die beredter war als die vorherigen klar verständlichen Appelle: »Adjeu! – Verzeihen Sie mir um Gotteswillen, verzeihen Sie mir nur! – – und – Adjeu! – – – – – – – .«[12] Als Puchberg nicht sofort antwortete, ging Mozart am 17. Juli schon wieder zum Angriff über: »Sie sind gewis böse auf mich, weil Sie mir gar keine Antwort geben!«[13] Puchberg schickte daraufhin 150 Gulden. Seine Bettelbriefe, die sich in der Hauptsache um

---

[12] Mozart an Michael Puchberg, 12. und 14. Juli 1789, ebd., S. 92–93.
[13] Mozart an Michael Puchberg, 17. Juli 1789, ebd., S. 94–95.

Krankheiten in der Familie, ungeduldige Gläubiger und Arbeitshemmnisse drehten, würzte Mozart mit Hinweisen auf bevorstehende lukrative Aufträge und dem Versprechen baldiger Rückzahlung. »Sie werden an mir die Zeither immer etwas trauriges bemerket haben«, rief er im Frühjahr 1790 Puchberg in Erinnerung, als ob es solcher Gedächtnishilfe noch bedurft hätte, und Puchberg schickte 150 Gulden.[14] Während dieser Jahre versorgte Puchberg Mozart mit Geld – insgesamt beliefen sich die Zuwendungen auf ungefähr 1000 Gulden. Im Frühjahr 1791 aber war das Schlimmste überstanden, und die Anleihen verringerten sich auf bescheidene Summen, manchmal auf bloße zwanzig Gulden.

Wie sah Mozarts Gemütszustand aus? Abgesehen von ein paar ergreifenden Gefühlsausbrüchen, zu denen seine Not ihn hinriss, neigte Mozart nicht sehr zur Selbstbeobachtung. Keine Frage, dass er guten Grund gehabt hätte, sich über seine Verschwendungssucht Gedanken zu machen. Seine Unfähigkeit, mit Geld umzugehen, war anlagebedingt. Im März 1785 berichtete Leopold Mozart, der sich zu Besuch in Wien aufhielt, Nannerl, ihr Bruder verfüge über Geldmittel, und soweit es Essen und Trinken betreffe, werde der Haushalt auch ganz wirtschaftlich geführt.[15] Was indes die Mozarts an Lebensmitteln sparten, das gäben sie für Schuhe, Dienstboten und Billardtische aus.

---

[14] Mozart an Michael Puchberg, Ende März/Anfang April 1790, ebd., S. 104–105.
[15] Leopold Mozart an seine Tochter, 19. März 1785, ebd., S. 41.

Als sich Mozarts musikalisches Interesse verlagerte, zog das auch seine Einkommensverhältnisse in Mitleidenschaft. Mitte der Achtzigerjahre des 18. Jahrhunderts wandte sich Mozart dem anspruchsvollsten aller Musikgenres, der Oper, zu und vernachlässigte weitgehend seine verlässlichste Einkommensquelle, die Konzerte, in denen er eigene Kompositionen spielte. Wir wissen, dass Mozart normalerweise in Ausbrüchen von Arbeitswut komponierte und in diesen Phasen schubweise Konzerte, Quartette, Sonaten, sogar Opern schuf. Auch wenn er auf beträchtliche zusätzliche Einkünfte aus der Wiederholung von Aufführungen rechnen konnte, hielt sich die finanzielle Vergütung für die größeren Werke doch in Grenzen: *Le nozze di Figaro* trug ihm als Komponisten ursprünglich 450 Gulden ein, und die gleiche Summe bekam er für *Don Giovanni* und *Così fan tutte*. Eine Benefizaufführung von *Don Giovanni* in Prag trug ihm allerdings weitere 600 Gulden ein. Der Mozart'sche Haushalt hatte also guten Grund, seine Ausgaben unter Kontrolle zu halten, aber Anlass zur Panik bestand, wenn man die Sache nüchtern betrachtete, nicht. Der Ton der Bettelbriefe Mozarts und seine rührenden Bekundungen, dass er sich verlassen fühle und von ständiger Traurigkeit heimgesucht werde, fanden also in seiner pekuniären Situation keine wirkliche Rechtfertigung. Die Hauptursache von Mozarts Depression muss anderswo liegen.

Höchstwahrscheinlich hat Mozarts Elend seine Ursache in dem lebenslangen Streit mit seinem Vater. In diesen Jahren herrlicher Kompositionen und persönlicher Qualen war Mozarts Konflikt mit dem Vater heftiger denn je. Leopold Mozarts Aggressivität und Selbstbezogenheit nahmen mit dem Alter nicht etwa ab, sondern verstärkten sich noch. Nicht, dass der Vater es versäumte, die Musik seines Sohnes zu würdigen; wie wir gesehen haben, erfüllte sie ihn mit großem Stolz und rührte ihn fast zu Tränen. Die beherrschende Triebfeder aber blieb seine Eigensucht. Kein Zweifel, dass sich Leopold Mozart in seinem Stolz gekränkt sah, als er bei seinem Besuch im Frühjahr 1785 Zeuge der spektakulären Triumphe seines Sohnes und des vertrauten Umganges wurde, den dieser mit den Mächtigen pflegte. Mozart empfing die führenden Familien Wiens bei sich zu Hause und wurde von ihnen empfangen; er kannte alles, was Rang und Namen hatte, den Kaiser eingeschlossen; er schien unsterbliche Kompositionen regelrecht aus dem Ärmel zu schütteln. Dass der Sohn dem Vater in der Musik und an Ruhm souverän und mit geradezu beschämender Leichtigkeit den Rang abgelaufen hatte, stand außer Frage. Er führte ein Leben, von dem der Vater höchstens hatte träumen können.

In den persönlicheren Auseinandersetzungen mit dem Sohn aber nahm der alternde Leopold Rache; immer noch vermochte er eine Streitmacht zu mobilisieren, die stark genug für wirksame Einfälle ins Feindesland war. Wie schon bemerkt, konnte er dem Sohn nie vergeben, dass dieser den Rat, mit dem er ihm beharrlich, um nicht zu sagen aggressiv in den Ohren gelegen hatte, in den Wind schlug und sich nach Wien absetzte. Und dass er im August 1782 Constanze Weber heiratete und einmal mehr die hartnäckigen Einwände seines Vaters missachtete, war ebenfalls wenig dazu angetan, die wachsende Kluft zwischen den zwei Männern zu überbrücken. Dass sein – mittlerweile sechsundzwanzigjähriger – Sohn sich eine Frau nahm, lockerte in Leopold Mozarts Augen das ohnehin zerfasernde Gängelband, an dem er den Sohn geführt und mit dem er ihn in einer Art psychologischer Unreife an sich gebunden hatte, noch weiter.

Die Folge war, dass sich Leopold Mozart zunehmend von seinem Sohn distanzierte und das Verhältnis zu seiner Tochter intensivierte, die im Sommer 1784 geheiratet hatte. Er übernahm sogar die Sorge für Nannerls erstes Kind, einen Sohn, der natürlich den Namen Leopold bekam; seine Briefe an die Kindseltern begannen mit einer Meldung, die zum ständigen Refrain wurde: »Der Leopoldl ist gesund und Wohl« oder »Der Leopold befindet sich, Gottlob, Lustig und gesund«. Allerdings »vergaß« er, Mozart davon Mitteilung zu machen, dass er den Enkel wie einen eigenen Sohn großzog. Im Einklang mit dieser Geheimniskrämerei weigerte er sich, Constanzes höfliche Bemühungen um ihn zu honorieren und sie als vollgültiges Mitglied der Familie anzuerkennen; er bekundete nie das leiseste Interesse an den Kindern des Paares oder das mindeste Mitgefühl mit dessen Verzweiflung, als es kurz hintereinander vier der Kleinen verlor. Unter diesen Umständen war es fast unvermeidlich, dass sich Bruder und Schwester, die von frühester Kindheit an eine liebevolle Kameradschaft verbunden hatte, einander in dem Maße entfremdeten, wie Nannerl die Partei des Vaters ergriff.

Ein Vorfall vom November 1786 ist bezeichnend für Leopold Mozarts Ungerechtigkeit. Um seine Finanzen in Ordnung zu bringen, plante Mozart eine Tournee nach England und wollte Constanze mitnehmen. Deshalb bat er seinen Vater, die beiden überlebenden Kinder für eine Weile in seinem Haus aufzunehmen. Leopold Mozart sah in der Bitte ein unverschämtes Ansinnen und wies sie prompt mit heftigen Worten ab. Den alten Schwung hatte seine Streitbarkeit allerdings nicht mehr; er war ernsthaft siech, und eingedenk dieser Tatsache schrieb Mozart ihm besorgte, nachdenkliche Briefe. »da der tod (genau zu nemmen) der wahre Endzweck unsers Lebens ist, so habe ich mich seit ein Paar Jahren mit diesem wahren, besten Freunde des Menschen so bekannt gemacht, daß sein bild nicht allein nichts schreckendes mehr für mich hat, sondern recht viel beruhigendes und tröstendes!«[16] Im folgenden Monat starb Leopold Mozart, siebenundsechzig Jahre alt und aufrichtig betrauert von seinen beiden Kindern.

So überließ er denn endlich den Sohn, den er all die Jahre lang geliebt und gequält hatte, sich selbst. Aber er verließ das Schlachtfeld nicht, ohne dem Sohn dauernde Schuldgefühle und das Bewusstsein uneingelöster emotionaler und finanzieller Verpflichtungen eingeflößt zu haben, das ihm sein ganzes restliches Leben lang zusetzen sollte.

Mozarts unverhohlener Lebensüberdruss, das selbstzerstörerische Moment in seiner Trauer, erscheint von daher wie eine Fortsetzung der Schlacht, die das Verschwinden des Gegners nur noch aussichtsloser werden ließ. Jetzt war niemand mehr da, der die Beteuerungen kindlicher Pietät we-

---

[16] Mozart an seinen Vater, 4. April 1787, ebd. S. 41.

nigstens hören (wenn schon nicht anhören) konnte. Noch durch sein Testament, das Nannerl begünstigte, stellte Leopold Mozart klar, dass er unversöhnt schied. Stoff für finstere Gedanken war also reichlich vorhanden. Und auch Mozarts unverhältnismäßige Verzweiflung über seine Geldnot wurde dadurch genährt, jene Verzweiflung, die ihn dazu brachte, seine würdelosen Bettelbriefe zu schreiben. Er lieh sich beim einen Gläubiger Geld, um bei einem anderen seine Schulden zu begleichen. Er war ganz der Sohn seines Vater und war es nach dessen Tod mehr denn je. Leopold Mozart hatte seinen Sohn gelehrt, dass man seinen Kredit verlor, sobald man Schulden zurückzuzahlen versäumte, und dass der Verlust der Kreditwürdigkeit gleichbedeutend war mit dem Verlust der Ehre. Wie es schien, hatte der Vater, dem der Tod sogar noch größere Macht verlieh, als er sie zu seinen Lebzeiten besessen hatte, den Zweikampf für sich entschieden.

Dennoch komponierte Mozart abgesehen von einigen kurzen Unterbrechungen weiter und großartigere Musik als je zuvor. In all seiner Bedrängnis und heimgesucht von »schwarzen Gedanken«, ließ seine Lebenskraft Mozart nie völlig im Stich. Mit einer beachtlichen Palette von Tänzen, Menuetten, Divertimenti, Arien und einem weitgehend kompletten Requiem setzte er seine musikalischen Erkundungen fort. Er komponierte seine letzten drei Klavierkonzerte.[17] Und was noch erstaunlicher ist: In diesen Jahren schrieb er seine drei großen Sinfonien und seine größten Opern.

---

[17] Mozart an Michael Puchberg, 27. Juni 1787, ebd., S. 69.

Sechs

Der Meister

Die Entfaltung des Mozart'schen Genies ist eine Geschichte stetigen und zuzeiten kometenhaften Wachstums. In seinen späten Jugendjahren komponierte er einige Stücke, die zu seinen bleibendsten Werken gehören und die er klugerweise in späteren Jahren nicht zu »verbessern« suchte. Man denke an die Sinfonie in A-Dur, Nr. 29 (KV 201) aus dem Jahre 1774, die letzten beiden seiner fünf Violinkonzerte, die er mit neunzehn Jahren rasch hintereinander schrieb, und vor allem die Sinfonia Concertante für Violine und Bratsche von 1779 (KV 364). Diese Kompositionen haben das unverwechselbare Mozart'sche Timbre und weisen den Weg zu seinem reifen Werk.

Aber diese frühen meisterlichen Kompositionen hinderten Mozart nicht, seinen Höhenflug fortzusetzen. Felix Mendelssohn schrieb die liebliche Ouvertüre zu *Ein Sommernachtstraum* mit sechzehn und konnte sie achtzehn Jahre später mühelos in die Begleitmusik einpassen, die er für das Shakespeare'sche Bühnenstück schrieb. Franz Schubert vertonte mit siebzehn die Ballade vom *Erlkönig* und errang damit in Wien ein gewisses Maß an Bekanntheit; an Raffinesse und mimetischem Einfallsreichtum steht die Vertonung nicht im Geringsten hinter den

Liedkompositionen zurück, die er ein Dutzend Jahre später verfasste. Diese Schwierigkeit, über ein bereits erreichtes hohes Niveau weiter hinauszugelangen, kannte Mozart nicht. Wie dem Vater bereits an dem Knaben aufgefallen war, kannte er keinen Stillstand; in den letzten sechs Jahren seines Lebens, seit 1785 also, schüttelte er ein Meisterwerk nach dem anderen aus dem Ärmel, deren jedes Höhen erklomm und Tiefen auslotete – wie kindisch wirken diese Metaphern angesichts dessen, was wir erleben, wenn wir Mozart *hören!* –, die alles Vorherige überboten.

Einer sattsam bekannten melodramatischen Geschichte zufolge soll Antonio Salieri Mozart vergiftet haben. Was zuerst als Gerücht existierte, fasste Puschkin in den Zwanzigerjahren des 19. Jahrhunderts in die literarische Form eines kurzen Versdramas. Die Geschichte ist eine boshafte, lächerliche Erdichtung, aber sie deutet auf den Neid, den Mozarts Konkurrenten mit Fug und Recht empfinden konnten. Doch auch Mozart hatte Grund zum Neid: Der in Italien geborene, aber seit langem in Wien ansässige Salieri erfreute sich bevorzugter Positionen, die Mozart zwar verdient hätte, die jemals zu erreichen er aber wegen Kaiser Josephs Vorliebe für Salieri nicht hoffen durfte. Im Jahre 1774 wurde Salieri zum Hofkomponisten und Dirigenten der italienischen Oper ernannt und kam seinen Pflichten in großem Stile nach: In seiner Amtszeit schrieb er an die vierzig Opern. Das Jahr 1788, in dem Mozart seine letzten drei Sinfonien schrieb, brachte Salieri dann eine erneute Beförderung: Er wurde zum Hofkapellmeister berufen. Die Mozarts, Vater und

Sohn, beschuldigten Salieri der »Kabale«: Er habe die Aufführung der Mozart'schen Opern hintertrieben. Salieri und Mozart verkehrten indes freundlich miteinander, wenn sie auch schwerlich eine Freundschaft verband; wir wissen, dass Salieri einige der Kompositionen Mozarts dirigierte. Und im Oktober 1791, kurz bevor er tödlich erkrankte, nahm Mozart Salieri in die *Zauberflöte* mit und berichtete seiner Frau, sein Gast habe ihn mit Komplimenten geradezu überschüttet.

Wie üblich war Vater Mozart gegenüber Salieri erheblich missgünstiger gestimmt als sein Sohn. Im Jahre 1785 besuchte er Salieris Opera buffa *La fiera di Venezia* und schrieb an seine Tochter, die Oper habe ihm »Wehe« getan, »weil sie in der That, was die Musik betrifft, voll der ausgepeitschtesten gemeinsten Gedanken, altvätterisch, gezwungen und sehr Leer an Harmonie ist«; kurz, sie sei »eine erzdumme welsche Kinderey«.[1] Richtig ist, dass Salieri ein konservativer Komponist war, der miterleben musste, wie um die Wende von 18. zum 19. Jahrhundert sein Stil beim Publikum an Popularität verlor. Seine Opern sind so gut wie vergessen. Zu Lebzeiten Mozarts allerdings gefielen Salieris Werke, und das nicht nur dem Kaiser.

In den letzten fünf oder sechs Jahren seines Lebens also arbeitete Mozart auf dem Gipfelpunkt seines Könnens unter widrigsten Bedingungen – vom Hof gegenüber Konkurrenten zurückgesetzt, ohne feste Anstellung, finanziell bedrängt, gesundheit-

---

[1] Leopold Mozart an seine Tochter, 28. November 1785, *Briefe*, Bd. 3, S. 905.

lich angeschlagen – fast ohne Unterlass. Wenn seine Biographen es für erwähnenswert hielten, dass er im Jahre 1790 »nur« ein einziges Streichquintett, seine drei letzten Streichquartette, ein Adagio und Allegro für »ein Orgelwerk in einer Uhr« sowie *Così fan tutte* komponierte, dann wirkt dieser Ausstoß nur im Vergleich mit seinem normalen Produktionstempo mager. Er schrieb Musik, die spätere Generationen zu Begeisterungsstürmen hinriss und zu Charakterisierungen trieb, die dem Vokabular religiöser Inbrunst entlehnt waren. Hätte er doch nur zwanzig Jahre länger gelebt!, diese Klage hört man immer wieder. Hätte er sich zu einem vorzeitigen Beethoven entwickelt? – eine oft kolportierte Spekulation, die reizvoll ist, aber sinnlos. Er wäre weiterhin Mozart geblieben. Die Welt der Musikfreunde muss sich mit dem zufrieden geben, was er ihr schenkte.

In diesen letzten Lebensjahren gab er ihr viel, mehr als je zuvor: Die Streichquintette, die »Jupiter«-Sinfonie, einige späte Klavierkonzerte, *Don Giovanni* – allesamt Werke, die im kollektiven Musikgedächtnis höchst lebendig sind. Nie zuvor in der Geschichte der westlichen Musik und nie mehr seitdem hat ein Komponist in einem so kurzen Zeitraum so viele Meisterwerke in so vielen verschiedenen Musikgattungen geschaffen. Nicht einmal Beethoven oder Schubert können es in der schieren Vielseitigkeit mit Mozart aufnehmen.

Abgesehen vom freien Spiel seiner Ausdruckskraft prägte Mozarts späte Werke ein bestimmtes kompositionstechnisches Mittel: seine immer häufigere und immer subtilere Verwendung des Kontrapunkts. »Die Kunst des Kontrapunkts«, formuliert Walter Piston in einer maßgebenden Untersuchung kurz und bündig, »ist die Kunst, Melodielinien miteinander zu verbinden«; sie dreht sich um die Spannung zwischen zwei oder mehr Stimmen und um deren Auflösung.[2] Im Einklang mit strengen Regeln ein reiches Wechselspiel von Stimmen zu entfalten war alles andere als etwas Neues. Schon in der polyphonen Schule Palestrinas Ende des 16. Jahrhunderts war dies das vorherrschende Thema; in den Werken Johann Sebastian Bachs gewann der Kontrapunkt die vollendete Gestalt durchscheinender Komplexität (wenn ich mich so ausdrücken darf). Wir erinnern uns, dass der junge Mozart während seiner Italien-Tourneen beim großen Martini in Bologna Unterricht in dieser Kompositionstechnik genommen und, zum Teil auf Drängen seines Vaters, ein paar Kanons und Fugen geschrieben hatte, einfach um zu beweisen, dass er mit den Vertracktheiten des strengen Regelwerks zu Rande kam. Danach aber hatte er sein Interesse anderen Techniken zugewandt.

Wir haben gesehen, wie Mozart im ersten Jahr seiner Wiener Zeit Johann Sebastian Bach wieder entdeckte. Und ganz hingerissen von den Fugen, die er mit nach Hause brachte, tat seine Frau alles, um seine neu erwachte Begeisterung zu schüren. Als er ihr gestand, dass er die Fugen, die sie ihn manchmal auf dem Klavier spielen hörte, nicht aufgeschrieben hatte, »zankte sie mich recht sehr, daß ich eben das künstlichste und schönste in der

---

[2] Walter Piston, *Counterpoint* (1947), S. 9.

Musick nicht schreiben wollte; und gab mit Bitten nicht nach, bis ich ihr eine fuge aufsezte«.[3] Letztlich war Constanze wahrscheinlich entzückter vom Kontrapunkt als ihr Mann; wie stark seine Bekanntschaft mit Vater Bach Mozarts letzte Kompositionen prägte, bleibt strittig. So viel jedenfalls scheint klar: Der Kontrapunkt verstärkte seine ohnehin gewaltige musikalische Schaffenskraft und verlangte in kompositionstechnischer Hinsicht nach wahrer Meisterschaft. Mozart wandelte aber nicht nur in Bachs Spuren: wo immer er den Kontrapunkt verwendete, insbesondere in dem großen Streichquartett in g-Moll und der ebenso großartigen Sinfonie in C-Dur, passte er ihn seinem Stil an und machte ihn sich zu Eigen.

In den späten Klavierkonzerten, in seiner Kammermusik, in Sinfonien und Opern fand seine letzte Schaffensphase ihren spektakulärsten Ausdruck. Nach Ansicht vieler Bewunderer seiner Musik offenbaren seine späten Klavierkonzerte Mozart in Vollendung. Und das stimmt: sechs oder sieben Klavierkonzerte aus seiner reifen Zeit können mit Fug und Recht Anspruch darauf erheben, Mozart'sche Musik par excellence zu sein, unbeschadet dessen, dass Hörer letztlich vielleicht seinen späten Sinfonien oder seinen Opern den Vorzug vor ihnen geben. Interessant ist, das Mozart selbst sie lobte, weil sie unterschiedliche Geschmacksniveaus gleichermaßen ansprächen. Im Dezember 1782 schrieb

---

[3] Mozart an seine Schwester, 20. April 1782, *Briefe*, Bd. 3, S. 203.

er an seinen Vater: »Die Concerten sind eben das Mittelding zwischen zu schwer, und zu leicht – sind sehr Brillant – angenehm in die ohren – Natürlich, ohne in das leere zu fallen – hie und da – können auch *kenner allein* satisfaction erhalten – doch so – daß die nichtkenner damit zufrieden seyn müssen, ohne zu wissen warum.«[4] Er hatte guten Grund, stolz auf sie zu sein: er hatte das Genre seinen kruden Anfängen entrissen und es praktisch im Alleingang auf einen bis heute unübertroffenen Gipfelpunkt geführt. Was Haydn für das Streichquartett vollbracht hatte, das hatte er für das Klavierkonzert geleistet.

Er schrieb insgesamt siebenundzwanzig; die ersten vier komponierte er 1767 als frühreifer Elfjähriger. Damals standen seine Kompositionen noch stark unter dem Einfluß von Johann Christian Bach. Wie bereits bemerkt, bahnte sich der junge Mozart seinen Weg zur Originalität mittels kluger Aneignung fremder Stile. Aber so unreif und von Nachahmung geprägt diese frühen Versuche auch sein mochten, selbst in ihnen blitzt schon der Funke Mozart'scher Unverwechselbarkeit auf. Wie die Konzerte, die er in seinen späten Zwanzigern und frühen Dreißigern schreiben sollte, bestanden auch sie schon aus drei Sätzen – schnell, langsam, schnell –, waren aber so kurz, dass sie nicht einmal eine Viertelstunde dauerten. KV 175, das Ende 1773 entstand, war das neunte in der grandiosen Folge von Klavierkonzerten und das erste, das er zur Gänze aus Eigenem schöpfte.

---

[4] Mozart an seinen Vater, 28. Dezember 1782, ebd., S. 245–46.

Zwischen den Versuchen seiner Lehrjahre, den Kompositionen seiner mittleren Zeit und seinen späten Meisterwerken klafft jeweils ein großer Abstand, und das unglaubliche Niveau der letzten acht oder neun dieser Konzerte erreichte er eher in sprunghafter als in kontinuierlicher Entwicklung: Wie bei ihm üblich, brachte er sie in Schüben hervor. Seit 1784, da er weitgehend von seinen Aufführungen lebte, schuf er ein herrliches Konzert nach dem anderen, vier davon in weniger als drei Monaten und vierzehn binnen zwei Jahren. Die großartigsten Werke, die Nummern 18 bis 25, sind Schöpfungen aus dieser Zeit; 1788 und Anfang 1791 kamen noch zwei weitere hinzu. Auch wenn der Hörer vermutlich das eine oder andere besonders mag – heiße Anwärter auf die Favoritenrolle dürften Nr. 20 (KV 466) oder Nr. 24 (KV 491) sein –, drängen sich doch praktisch alle Konzerte auf dem Gipfelpunkt Mozart'schen Könnens.

Diese letzten Konzerte sind etwa doppelt so lang wie seine ersten Versuche. In der schieren Großartigkeit ihrer Anlage, in ihrem melodischen und harmonischen Einfallsreichtum ähneln sie seinen letzten Sinfonien stärker als den Klavierkonzerten aus Mozarts Anfangszeit. Auch wenn ihre verwandtschaftliche Ähnlichkeit unverkennbar ist, besitzt doch jedes eine ausgeprägte Individualität. Mozarts Fähigkeit, eine von Gemeinsinn getragene, musikalische Gesprächssituation zu erzeugen, die seine reife Kammermusik zu einem solchen Genuss macht, fand in den Klavierkonzerten reichlich Entfaltungs- und Spielraum. Das Soloinstrument Klavier und das Orchester sind Partner, nicht Rivalen.

Die ausgemachte dramatische Begabung in Mozarts Genie, die in den Opern so klar zutage tritt, verschafft sich auch in diesen Konzerten beglückende Geltung.

So sehr Leopold Mozart mittlerweile an die genialen Schöpfungen seines Sohnes gewöhnt war, gleichgültig ließen sie ihn nie: Als er Anfang 1785 in Wien zu Besuch weilte, war er geradezu überwältigt von den zwei neuen Klavierkonzerten – Nr. 20 und 21 –, die sein Sohn unter stürmischem Applaus vortrug. Besonders das Erstere, KV 466, ließ ihn zu dem höchsten Lob greifen, das sein Wortschatz kannte; er erklärte es für »vortrefflich«.[5] Sogar die deutschen Romantiker, die für Mozarts Klavierkonzerte nicht übermäßig empfänglich waren, fühlten sich von dem, was sie die »dämonische« Kraft dieses Werkes mit seiner d-Moll-Tonart und seinem donnergrollenden, düsteren Eingangsmotiv nannten, angesprochen.

Es ist ein nur allzu geläufiges Paradox, dass dieser auf höchstem Niveau operierende Komponist in den Klavierkonzerten seiner letzten Phase auf alle großen Gesten, sprich auf jede pianistische Akrobatik, verzichtete und neue Maßstäbe in der Schlichtheit setzte. Selbstverständlich gibt es in diesen Konzerten rasante Läufe und prekäre Übergänge, aber nie in der Absicht, dem Solisten Gelegenheit zu geben, seine Fingerfertigkeit auf der Tastatur zur Schau zu stellen. Genau das, was die Konzertveranstalter des 19. Jahrhunderts zögern

---

[5] Leopold Mozart an seine Tochter, 16. Februar 1785, ebd., S. 373.

ließ, diese Konzerte ins Programm aufzunehmen – dass sie nämlich dem Virtuosen zu wenig Gelegenheit boten zu glänzen –, war das Besondere an diesen Werken. So legt etwa der Mittelsatz des Konzerts Nr. 20 ein unmissverständliches Zeugnis von den musikalischen Absichten Mozarts ab: Der Solist stellt ruhig und gelassen das schöne, langsame Hauptthema vor, das dann vom Orchester aufgenommen wird; etwas Kunstloseres – und Einprägsameres – lässt sich nicht denken. Auch andere Konzerte, vor allem Nr. 24, zeichnen sich durch diesen völligen Mangel an schmückendem Beiwerk aus. Von dem kleinen Orchester, das die Konzerte vorsahen, gespielt – normalerweise, wie etwa bei Nr. 20, bestand es aus Streichern, zwei Oboen, zwei Fagotten, zwei Hörnern, zwei Trompeten, Kesselpauken –, strebte diese Musik Mozarts nach absoluter Transparenz. Mozart trieb hier die Kunst der Vereinfachung und Verdichtung in neue Höhen. Um die gleiche Zeit indes bewies er mit seinen späten Opern, dass in seinem Schaffensregister auch Platz für die komplexeste Klangfülle war.

In dem Text, mit dem er Haydn die sechs Streichquartette widmete, bemerkte Mozart fast beiläufig, sie seien »die Frucht einer langen und mühsamen Arbeit«. Das ist eine hochinteressante Formulierung. Wir verfügen über reichlich Beweise dafür, dass Mozart imstande war, bedeutende Werke, von geringeren ganz zu schweigen, in einem ungeheuren Tempo zu komponieren. Seine letzte Sinfonie, die berühmte »Jupiter«-Sinfonie, schrieb er in sechzehn Tagen. Die Anekdote, dass er die gewaltige Ouvertüre zu *Don Giovanni* in der Nacht vor der Premiere niedergeschrieben habe, ist zwar nicht zweifelsfrei zu belegen, bewegt sich aber durchaus im Rahmen der Mozart'schen Möglichkeiten. Mit anderen Worten, seine musikalische Inspiration sprudelte selten anders denn lebhaft oder überbordend. Und in Notsituationen war er zu ganz außerordentlichen Bravourleistungen fähig. Als er im Herbst 1783 alte Freunde in Linz besuchte, beschloss er urplötzlich, am 4. November eine »accademie« zu veranstalten. Wie er indes seinem Vater am 31. Oktober, vier Tage vor dem Konzert, berichtete, hatte er keine Sinfonie mitgebracht. Er sah sich also gezwungen, »über hals und kopf an einer Neuen« zu schreiben, »welche bis dahin fertig seyn muß«.[6] Und das war sie auch.

Genaueste Untersuchungen von Partituren in Mozarts Handschrift haben ergeben, dass der Endfassung seiner Werke häufig frühere Fassungen vorausgegangen waren, er zum Beispiel missglückte Einleitungsteile verworfen oder die Partituren mit kritischem Blick überarbeitet hatte.[7] Und umgearbeitet wurden keineswegs nur Opernpartituren, auch wenn sich das bei ihnen am ehesten ergab, weil es galt, unvorhergesehenen Änderungen im Libretto oder der Indisponiertheit eines nicht zu ersetzenden Soprans Rechnung zu tragen. Seine letzten drei Streichquartette, die wahrscheinlich König Friedrich Wilhelm II. von Preußen, einem versierten Cellisten, zugedacht waren, zeugen von be-

---

[6] Mozart an seinen Vater, 31. Oktober 1783, ebd., S. 291.

[7] Überzeugende Belege findet man in Alan Tyson, *Mozart: Studies of the Autograph Scores* (1987).

trächtlicher Bearbeitung und reichlich Überlegung, vielleicht auch von Erschöpfung. Kurz, die Großtaten, die Mozarts Gemeinde für Wundertaten erklärte, vollbrachte er hauptsächlich, wenn die äußeren Umstände es ihm abverlangten.

Damals war die Welt voll von musikalisch geschulten, wohlhabenden Dilettanten; die Komponisten schrieben deshalb Stücke, um einen fordernden Gönner, einen anspruchsvollen Solisten, einen ungewöhnlich begabten Schüler zu bedienen. In diesem praktischen Punkt unterschied sich Mozart nicht von seinen beruflichen Konkurrenten. »Mein Wunsch, und meine hofnung ist – mir Ehre, Ruhm und Geld zu machen«, bekannte er im Mai 1781 gegenüber seinem Vater. Zehn Tage später unterstrich er noch einmal, welch lebenswichtige Bedeutung er dem Geld beimaß: »ich kenne ausser meiner gesundheit nichts Nothwendigeres als das geld.«[8] Das weit verbreitete Bild vom einsamen Genie Mozart, der nur den Stimmen aus seinem Inneren lauscht, ist eine romantische Entstellung der weitaus prosaischeren Realität. Hatte ihn etwas dazu gebracht, eine Komposition zu beginnen, so packte ihn die Inspiration; der Antrieb zur Inspiration aber kam im Zweifelsfall von einem Auftrag, den er erhalten hatte, von einem Konzert, für das er ein neues Werk brauchte, oder aus dem Bedürfnis, einem Freund zum Dank für dessen Wertschätzung ein Geschenk zu machen. Mozart lebte unter Musi-

---

[8] Mozart an seinen Vater, 16. Mai 1781, *Briefe*, Bd. 3, S. 116; 26. Mai 1781, ebd., S. 120–21.

kern, unter Vortragskünstlern, Veranstaltern und Gönnern, und er bemühte sich, ihrem Geschmack und ihren besonderen Begabungen Rechnung zu tragen.

Gelegentlich schien es, als sollten seine Kompositionen Bekannte für die Taktlosigkeiten entschädigen, die er ihnen gegenüber beging. Im Jahre 1783 schrieb er vier Konzerte für Horn und Orchester, die für den Hornisten Joseph Leutgeb, einen ebenfalls gebürtigen Salzburger, bestimmt waren, dem als einem geborenen Prügelknaben Mozart offenbar mit Vorliebe böse Streiche spielte, gleichzeitig aber herrliche Gelegenheiten bot, mit seinem anspruchsvollen Instrument zu glänzen. All seiner zur Schau getragenen Abgebrühtheit zum Trotz liebte Mozart die Musik nicht primär wegen des Geldes, das sie ihm eintrug: »nur die Noth lernt einen das geld schätzen.«[9]

Man tut gut daran, diese Verlautbarungen nicht wörtlich zu nehmen. Sie stammen aus dem Frühjahr 1781, als Mozart seinen skeptischen Vater davon zu überzeugen versuchte, dass ein Umzug nach Wien keiner Laune entsprungen, sondern ein gewinnträchtiger Schachzug war. Dennoch war in Mozarts Charakter durchaus Platz für praktische Rücksichten; Ende der Achtzigerjahre ermaß er dann die ganze Bedeutungsschwere seiner Äußerung, dass Mangel das Geldverdienen zu einem vordringlichen Anliegen werden lasse. Und so waren Violinsonaten, Klaviersonaten für zwei oder vier Hände, Hornduette, Klavierquartette und Klarinettentrios

---

[9] Ebd.

allesamt Schöpfungen, mit denen er nicht zuletzt auf finanzielle Nöte reagierte.

Unter diesen Kammermusikkompositionen nehmen sich seine späten Streichquintette mit doppelt besetzter Bratsche am denkwürdigsten aus. Er hatte die Kombination bereits früher, im Jahre 1773, ausprobiert; aber erst in seiner letzten, großartigsten Phase nahm er sie mit zwei erlesenen Kompositionen wieder auf – mit KV 515 in C-Dur und dem Gegenstück KV 516 in g-Moll, die als Paar entstanden. Der Mozartkenner Stanley Sadie befindet sich voll und ganz im Einklang mit anderen Mozartforschern, wenn er erklärt, dass diese beiden Quintette »einen Gipfelpunkt in seiner Kammermusik darstellen«, und zwar einen sehr hohen Gipfelpunkt.[10]

Die beiden Quintette lassen keinen Zweifel daran, dass Mozart einen besonderen Sinn für das Genre besaß. Es scheint ihm ein tiefes Vergnügen bereitet zu haben, das sich fünf Instrumentalisten in ihrem wandlungsfähigen und häufig überraschenden Wechselspiel bietende harmonische Spektrum auszuloten. Instrumente tun sich zusammen, bilden Allianzen, ahmen einander nach, reichen sich zuvorkommend das Hauptthema weiter, um es dann wieder zu übernehmen, lösen ihre Partnerschaften auf, um Platz für neue Bündnisse zu schaffen – und das alles mit der denkbar größten Anmut und bar jeder Gekünsteltheit. In diesen Quintetten trieb Mozart die Tendenz, den Mittelstimmen Eigenständigkeit zu verleihen, noch weiter voran; auch die Bratschen und das Cello übernehmen

---

[10] Sadie, *New Grove Mozart*, S. 116.

Führungsaufgaben, und das Ergebnis ist ebenso bewegend wie klangvoll. Wenn die letzten zwei Streichquintette Mozarts, KV 593 und KV 614, eine Spur weniger emotionale Befriedigung gewähren als die beiden vorangegangenen, dann nur, weil es sogar Mozart schwer fiel, das Niveau von KV 515 und KV 516 zu halten.

Ein Grund, warum Mozarts Streichquintette zu seinen ausdrucksstärksten Kompositionen zählen, dürfte in der herausragenden Stellung zu suchen sein, die in diesen Kompositionen den Bratschen zukommt. Die Bratsche war sein Lieblingsinstrument. Obwohl er virtuos die Geige spielte, übernahm er in Streichensembles gerne den Part der Bratsche. Und wir haben allen Grund anzunehmen, dass er sich bei der Komposition der zauberhaften Sinfonia Concertante von 1779 deshalb besonders ins Zeug legte, weil eines der beiden Soloinstrumente die Bratsche ist. In *La finta giardiniera*, der relativ unbeachtet gebliebenen Oper von 1774, singt der Held eine Liebesarie, in der er schildert, wie Musikinstrumente seine Stimmung beeinflussen. Flöten und Oboen stimmen ihn glücklich, Blechinstrumente und Pauken treiben ihn zur Verzweiflung, die Bratschen wühlen ihn mit ihren düsteren Melodien auf. Natürlich garantiert nichts, dass eine von Mozart erfundene Figur, die zudem nicht einmal besonders einnehmend ist, für ihren Schöpfer spricht. Aber da es sich bei der Aufzählung um einen beiläufigen Einfall handelt, können wir ziemlich sicher sein, dass sie einiges über Mozarts Reaktion auf Instrumentalklänge verrät. Die »düstere, aufwühlende Stimme« der Bratsche trägt mit dazu bei, dass die zwei Quintette alles andere als heitere Musikstücke sind; sie haben etwas Herzzerreißendes an sich. In seiner maßgebenden Untersuchung des klassischen Musikstils bringt Charles Rosen die Sache auf den Punkt: »Das g-Moll-Quintett zählt zu den großen tragischen Werken.«[II] Es illustriert auf wunderbare Weise, wie viel Schönheit Mozart der Melancholie entringen konnte.

Die steil nach oben weisende Kurve der Mozart'schen Entwicklung, wie sie in der fortschreitenden Vervollkommnung seiner Kammermusik sichtbar wird, zeigt sich vielleicht sogar noch deutlicher in seinen Sinfonien. Im Laufe seines kurzen Lebens schrieb er mehr als fünfzig sinfonieartige Kompositionen, von denen einige verloren gegangen sind. Gemeinhin trägt die »Jupiter«-Sinfonie die letzte, die Katalognummer 41; durch diese Art der Zählung werden die Sinfonien von den *galanten* Divertimenti und Serenaden abgetrennt, denen sich Mozart Mitte der Siebzigerjahre ein paar Jahre lang zuwandte. Als er seine letzten drei Sinfonien schrieb, hatte er das Interesse an der Komposition reiner Unterhaltungsmusik weitgehend verloren.

Mozarts sinfonisches Werk fiel mit 41 Titeln noch vergleichsweise bescheiden aus; Joseph Haydn zum Beispiel werden 108 zugeschrieben, wobei allerdings zu berücksichtigen ist, dass er siebenundsiebzig Jahre alt wurde. Es gab eine unerschöpfliche Nachfrage nach diesem Genre: Wiens

---

[II] Charles Rosen, *The Classical Style: Haydn, Mozart, Beethoven* (1971, 2. Aufl., 1976), S. 274.

Konzertbesucher rechneten praktisch bei jeder Aufführung mit einer Sinfonie. Dass sie normalerweise als einleitendes Stück im Programm aufgeführt wurde, war sicher der Tatsache geschuldet, dass sie sich aus der Ouvertüre entwickelt hatte; die Komponisten, denen diese Platzierung missfiel, kämpften darum, die Konvention zu ändern. Und das mit gutem Grund: Bei einem Konzert wurde das Eröffnungsstück garantiert von »Zuhörern« gestört, die es sich geräuschvoll gemütlich machten oder die rücksichtslos zu spät kamen. Jedenfalls *war* die Sinfonie ein unentbehrlicher Bestandteil eines jeden Konzertprogramms. »Die Symphonie«, schrieb der deutsche Komponist und Kritiker Johann Abraham Peter Schulz um 1770, »ist zu dem Ausdruck des Großen, des Feyerlichen und Erhabenen vorzüglich geschickt.«[12]

Erinnern wir uns daran, dass Mozart seine erste Sinfonie 1764 im Alter von acht Jahren schrieb und umgehend etliche weitere folgen ließ. Obwohl sie ihm hauptsächlich dazu dienten, in einem bereits florierenden, wenngleich erst kürzlich etablierten Genre Erfahrungen zu sammeln, verlieh er doch etlichen eine eigene Note: der Sinfonie Nr. 6 (KV 43), die er im Herbst 1767 vollendete, fügte er ein Menuett ein – Ausdruck der Emanzipation des

---

[12] Johann Abraham Peter Schulz, »Symphonie«, in: Johann Georg Sulzer, *Allgemeine Theorie der schönen Künste*, 4 Bde. in 2 (1771–74; Repr. 1967), Bd. IV, S. 478. Auf diese Lexikon-Eintragung wurde ich aufmerksam gemacht durch Elaine R. Sisman, *Mozart: The »Jupiter« Symphony: No. 41 in C Major, K. 551* (1993), S. 9–10.

Genres von seinem Ursprung, der Ouvertüre. Dem Viersatzmuster hielt er die Treue, abgesehen von ein paar auffälligen Rückbildungen bei seinen späteren Sinfonien wie etwa der »Prager« Sinfonie (KV 504). Hören wir den hervorragenden Mozart-Forscher Alfred Einstein: »Um den Weg gleich zu bezeichnen, den die Sinfonie bei Mozart von 1764 bis 1788 genommen hat, so ist es der Weg von einem einleitenden oder abschließenden Konzertstück, von Werken, die *einrahmen*: Soli oder Concerti einrahmen, zum Hauptwerk, zum Höhen- oder Mittelpunkt eines Konzertabends. Es ist der Weg vom Dekorativen zum Expressiven, vom Äußerlichen zum Innerlichen, von der Festlichkeit zum Bekenntnis.«[13]

Seiner Art entsprechend schuf Mozart auch die Sinfonien nicht in kontinuierlicher Folge, sondern in geballten Ladungen. Als junger Mann schrieb er zwischen 1769 und 1773 etwa dreißig Sinfonien, als versuchte er, seinen eigenen Rekord im Schnellkomponieren zu überbieten. In ein Gesamtmuster zunehmender innerlicher Bestimmtheit und wachsenden musikalischen Könnens eingebettet, zeugen diese Kompositionen von der Meisterschaft, die Mozart im Fortgang von einer zur nächsten erringt. Den Hörern ist nicht entgangen, mit welch glücklicher Hand Mozart in ihnen die neuesten Sinfonien Haydns verarbeitet: ein Meister, der vom anderen lernt. Dann allerdings verlangsamte Mozart seine Produktion sinfonischer Werke, weil ihn andere

---

[13] Alfred Einstein, *Mozart. Sein Charakter. Sein Werk*, Stuttgart 1953, S. 253.

Kompositionsformen stärker in Anspruch nahmen und er in Wien auch weniger Gelegenheit fand, seine Sinfonien aufzuführen. Dennoch schrieb er im Jahre 1782 die reizende, kultivierte Sinfonie Nr. 35 (KV 385), die »Haffner«, die es an Charme mit jeder anderen seiner Sinfonien aufnehmen kann, die bereits erwähnte »Linzer« und 1786 dann die großartige »Prager« Sinfonie für das Publikum in Prag, das er liebte und das ihn verehrte. Seine Mission als Sinfoniker beschloss er 1788 mit drei atemberaubenden Werken.

Mozart komponierte diese Sinfonien (KV 543, KV 550, KV 551) a tempo und brauchte für alle drei zusammengenommen nur etwa zwei Monate. Was ihn dazu trieb, diese Meisterwerke zu schaffen, bleibt unklar; Aufträge dafür oder Pläne für eine »Akademie« in Wien sind nicht aufgetaucht. Es ist indes wenig wahrscheinlich, dass Mozart, der ausgesprochen praktisch denkende Künstler, so viel Schaffenskraft aufgewandt haben sollte, ohne an eine künftige Aufführung zu denken; möglich, dass er sie für die Wiener Konzertsaison im Winter bestimmt hatte oder dass er sie gar in London aufführen wollte – er plante eine Konzertreise dorthin, die allerdings nie zustande kam.

Was immer den Anlass, sie zu schaffen, gab, die Bewunderung für sie ist jedenfalls im Laufe der Jahrzehnte nur gewachsen; keine Frage, dass sie zu seinen herrlichsten Sinfonien und tatsächlich zu den großartigsten der Musikgeschichte zählen. Mozart konzipierte sie nicht als Dreiergruppe; keine spielt auf die beiden anderen an. Gemeinsam ist ihnen nur, dass sie das Werk eines Genies auf dem Gipfel seiner

Schaffenskraft sind. Dem Hörer fällt es also nicht schwer, sie auseinander zu halten. »Den auffälligsten Unterschied zwischen den drei Sinfonien«, bemerkt der englische Musikkritiker Donald Francis Tovey, »stellt der Charakter ihrer Themen dar. In der Es-Dur-Sinfonie [Nr. 39] halten die Themen die Mitte zwischen formelhafter Phrase und reizvoller Melodie, wobei der Wohlklang immer überwiegt. Bei der g-Moll-Sinfonie [Nr. 40] ist fast jedes Thema hoch individualisiert; selbst wo es formelhaft in der Phrase ist, steckt die Durchführung voller Überraschungen. In der letzten Sinfonie [Nr. 41, »Jupiter«] erreichen wir die wahrhaft höchste Finesse eines unendlich erfahrenen Künstlers.«[14] Diese höchste Finesse schließt ein, dass Mozart den letzten Satz, der gemeinhin eine Art von heiterer Abrundung der sinfonischen Komposition darstellt, zu einer langen, überwältigenden Steigerung des Ausdrucks nutzt.

Die Mozart-Forschung diskutiert nach wie vor darüber, welcher Platz der »Jupiter«-Sinfonie in der Musikgeschichte im Allgemeinen und in Mozarts Werk im Besonderen zukommt. Einige haben der Versuchung nicht widerstehen können, in der Sinfonie eine große Schlusserklärung Mozarts zu sehen, seinen Abschied von der Welt und sein Lebewohl an den auf das Rokoko folgenden Klassizismus, dem dann die prometheischen, himmelstürmenden Sinfonien Beethovens das Ende bereiteten. Besser tut man wohl daran, die »Jupiter«-Sinfonie

---

[14] Donald Francis Tovey, »Symphony in C Major (Köchel's Catalogue, No. 551)«, *Essays in Musical Analysis: Symphonies and Other Works* (2. Aufl., 1981), S. 443.

einfach als eine besonders reife Frucht der Mozart'schen Spätphase zu betrachten. Mozart verkündete keine Botschaften, übermittelte keine letzten Einsichten. Hätte er länger gelebt, er würde wahrscheinlich weitere Sinfonien geschrieben haben; wie sie beschaffen gewesen wären, wissen wir nicht und können wir auch schlechterdings nicht ergründen. Georg Nikolaus von Nissen, der – wir erinnern uns – Mozarts Witwe heiratete und eine wichtige Biographie über Constanzes ersten Mann schrieb, hielt die »Jupiter«-Sinfonie für den Gipfelpunkt des Genres. In keinem anderen Werk dieser Art strahle der göttliche Funke des Genies heller und schöner. Alles sei himmlische Harmonie, deren Töne wie eine große, edle Tat zum Herzen sprächen und es gefangen nähmen. Vor der Gewalt dieses sublimen Kunstwerkes könne der Geist sich nur voll Bewunderung neigen.[15] Dies ist ein überaus dick aufgetragenes Lob und nicht ganz nach unserem etwas weniger überschwänglichen Geschmack. Aber vielleicht war es das Beste, was der gebildete Hörer des 19. Jahrhunderts herauszubringen vermochte, wenn er sich bemühte, deutlich zu machen, was er beim Hören der »Jupiter«-Sinfonie empfand.

Schließlich sind auch abgebrühten Musikwissenschaftlern des 20. Jahrhunderts, die sich von Berufs wegen ungern bei Sentimentalitäten ertappen lassen, diese Sinfonien, allen voran die »Jupiter«-Sinfonie, als so sehr über alle Kritik erhaben erschienen, dass ihnen die Worte fehlten, ihre Empfindungen zu beschreiben. »Die dritte Sinfonie in der Trilogie, KV

---

[15] Zitiert in Sisman, »*Jupiter*« *Symphony*, S. 29.

551, hat den passenden Namen *Jupiter* erhalten«, schreibt Philip G. Downs in einem gedankenreichen Abriss über die klassische Musik.[16] Man hat vermutet, dass die Bezeichnung auf Johann Peter Salomon zurückgeht, den Impresario, der Haydn nach London lockte; gedruckt taucht er zum ersten Mal 1822 auf.[17] »Denn wie Jupiter als Göttervater die Waffen des Blitzes und des Donners handhabe«, fährt Downs fort, »so beweist auch die Sinfonie übermenschliche Kräfte und durchmisst mit souveräner Leichtigkeit die gewaltigste sinfonische Architektur des Jahrhunderts. Der erste Satz birgt eine Fülle an bunt gewürfeltem Material, das vom Majestätischen bis zum Trivialen reicht, vom Schrecklichen bis zum Zärtlichen. Dieser anspruchsvolle erste Satz erzielt in seinem Fortgang Wirkungen humoristischen ebenso wie hochgeistigen Charakters; aber wahrhaft überwältigt wird der Hörer vom vierten Satz, der zu Recht als einer der in der Musikgeschichte eindrucksvollsten technischen Gewaltstreiche gilt. Hier werden mehrere kurze Motive in einer kontrapunktischen Komposition verwoben, die in ihrer Lebendigkeit und Stärke beispiellos ist. Sie ist jupiter- oder göttergleich in dem Sinne, dass ihre Strahlkraft und Wirkmacht ebenso unfasslich sind wie ihre musiktechnische Leistung; dem Zuhörer bleibt nichts als staunende Bewunderung.«[18]

---

[16] Downs, *Classical Music*, S. 521.
[17] Konrad Küster, *Mozart: Eine musikalische Biographie* (1990; Taschenbuchausgabe 1995), S. 327–28.
[18] Downs, *Classical Music*, S. 521.

In chronologischer Abfolge gespielt, legen also Mozarts Sinfonien sein typisches Entwicklungsmuster an den Tag. Im Laufe der Jahre gewinnen sie an Länge; aus den anfänglichen, rasch gefertigten Stücken von gerade einmal zehn oder zwölf Minuten Dauer werden gediegene, reife Meisterwerke, die eine geschlagene halbe Stunde in Anspruch nehmen; sie werden zunehmend einfallsreicher und verbinden eine überquellende Themenfülle mit der denkbar kühnsten Art und Weise, die vielen Einfälle zu verarbeiten. Die Dissonanzen und chromatischen Wechsel, die Mozart so brillant einsetzt, verschaffen seinen staunenden Zuhörern Augenblicke schlichter Erschütterung oder schierer Lust; insgesamt beweisen sie eine gesammelte Kraft, die Mozarts früheres orchestrales Werk in den Schatten stellt. Diese Sinfonien schrieb er um die Zeit der Vollendung des *Don Giovanni*; beide sind von der gleichen Großartigkeit des musikalischen Gedankens durchdrungen. Wer sie hört, erlebt das genussreiche Schauspiel einer Transformation von Kraft in Schönheit. Die Wiederholungen, die Querverweise, die Themen und ihre Modulation schenken ein Vergnügen von seltener Reinheit; der letzte Satz der »Jupiter«-Sinfonie schließt mit einer komplizierten Fuge, die in einer atemberaubenden Klimax fünf Themen miteinander verknüpft. All dies legt beredtes Zeugnis von der eigentümlichen Mischung aus Spiel und Ernst ab, die Mozart auszeichnet.

Dennoch stießen Mozarts letzte drei Sinfonien von Anfang an und noch Jahrzehnte später auf ein geteiltes Echo. Ein großer Teil des Publikums fand sie »schwierig«. Leopold Mozart hätte dem beigepflichtet. So sehr ihn die Musik seines Sohns bezauberte – auch er fand es schwer, sie einfach so zu genießen, zumindest beim ersten Hören. Joseph II., einem Dilettanten mit guter musikalischer Bildung, ging es nicht anders, und auch unter den Konzertbesuchern hatten nicht wenige ihre Probleme mit der Mozart'schen Musik. Für sie war Mozart ein »akademischer« Komponist, und das Attribut war nicht als Kompliment gedacht. Selbst jene, die sich zu einer besonderen Vorliebe für die Sinfonie in g-Moll bekannten, waren uneins darin, warum sie das taten. Robert Schumann, der zu seiner Zeit als Musikkritiker ebenso bekannt war wie als Komponist, sprach für das Gros der Konzertbesucher des 19. Jahrhunderts, als er dieses Werk zum Inbegriff klassischer Harmonie erklärte und befand, es schwebe hellenische Anmut über ihm. Doch wenn sich auch für seine Charakterisierung der g-Moll-Sinfonie einiges ins Feld führen lässt – um eine erschöpfende Deutung handelte es sich dabei ganz gewiss nicht. Heiterkeit gehörte zur Mischung dazu, aber nicht minder auch Leidenschaftlichkeit und eine technische Perfektion, die absoluter Selbstsicherheit entsprang und jeden Anzeichens von Künstlichkeit entbehrte.

Es ist abgeschmackt, Musik als einfachen Reflex der Stimmungen des Komponisten oder als buchstäbliche Reaktion auf sein persönliches Erleben zu deuten. Ein langsamer Satz in einer Moll-Tonart zeigt mitnichten an, dass der Komponist unglücklich war, als er ihn schrieb, so wenig wie eine schwungvolle Melodie Beweis für eine heitere

Gemütsverfassung ist. Ohne unabhängige biographische Informationen lassen sich keine legitimen Verbindungen zwischen Leben und Werk herstellen. Besonders in ihrer letzten Phase war Mozarts Musik herrlich ausdrucksvoll und relativ frei von schablonenhaften Phrasen. Er war kein Tschaikowsky, der seine Zuhörer geradezu einlud, seine tiefen Depressionen zu würdigen, wenn nicht gar kurzerhand zu teilen. So viel wissen wir: Mozart war nicht ständig verzweifelt; selbst in den Jahren, in denen ihn Schulden plagten und er über Niedergeschlagenheit und Lustlosigkeit klagte, behielt er seine Genussfähigkeit; er vergnügte sich am Karten- und am Billardtisch, warf sich für festliche Ereignisse in Schale, spielte anderen Streiche. Das Bild von einem ständig trübsinnigen Mozart ist gleichermaßen eine Karikatur wie das Bild vom ausgelassenen Kindskopf Mozart.[19] Immer auffälliger allerdings näherte sich in jenen Jahren der Grundton seines Lebens dem Klang der Bratsche an.

---

[19] Wye J. Allanbrook, »Mozart's Tunes and the Comedy of Closure«, *On Mozart*, hrsg. von James M. Morris (1994), S. 185.

Sieben

Der Dramatiker

Wie sein Lebenswerk im Übermaß demonstriert, fühlte sich Mozart in praktisch jeder Art von Musik, die seine Zeitgenossen schufen, zu Hause – von der erhabensten Höhe bis zur fäkalsprachlichen Niederung, von Messen bis hin zu Kanons über das Arschküssen. »denn ich kann so ziemlich, wie sie wissen, alle art und styl von Compositions annehmen und nachahmen«, schrieb er seinem Vater im Jahre 1778.[1] Keine Frage, dass er das konnte, aber nachgerade hatte er das »Annehmen und Nachahmen« weitgehend hinter sich und schrieb Kompositionen, die jedermann ohne Mühe als »reinen Mozart« erkannte. Nur Johann Sebastian Bach wartete noch darauf, von ihm entdeckt zu werden; was drei oder vier Jahre später auch geschah. Seine katholische Vielseitigkeit und Bandbreite hinderte ihn allerdings nicht daran, sein Leben lang einer besonderen Leidenschaft für den gesungenen dramatischen Dialog zu frönen – und die Vertonung vorzugsweise selbst zu übernehmen. Im Jahre 1764 berichtete Leopold Mozart aus London, sein Sohn »hat ietzt immer eine Opera im Kopf, die er mit lauter jungen Leuten in

---

[1] Mozart an seinen Vater, 7. Februar 1778, *Briefe*, Bd. 2, S. 265.

Salzburg aufführen will«.[2] Dieser war damals acht Jahre alt.

Sieben Jahre später, im November 1771, stellte Mozart, während er und der Vater sich in Mailand aufhielten, sein sagenhaftes Gedächtnis für diese Art von Musik, der seine besondere Liebe galt, unter Beweis: Er rief sich eine ganze Oper des geachteten Komponisten Johann Adolf Hasse in Erinnerung – angesichts der Länge und Detailfülle der Komposition wahrhaftig eine Glanzleistung. Eine von Hasses Opern wurde aufgeführt, und da der Vater nicht hinging, verpasste sie auch Mozart, der nicht allein ausgehen durfte. An diesem Abend schrieb er seiner Schwester: »Zum Glück weiß ich schier alle Arien auswendig, und also kann ich sie zu Hause in meinen Gedanken hören und sehen.«[3] Solche beiläufigen Äußerungen trugen zur Entstehung der Legende bei, Mozart habe immer schon die vollständige Komposition im Kopf, ehe er auch nur eine einzige Note zu Papier bringe.

Seine Sucht nach Opern und besonders danach, welche zu schreiben, verfolgte ihn sein ganzes Leben lang. Im Jahre 1777 gestand er seinem Vater: »dann ich darf nur von einer opera reden hören, ich darf nur im theater seyn, stimmen hören – o, so bin ich schon ganz ausser mir.«[4] Zu Anfang des folgenden Jahres klang er womöglich noch begieriger, noch flehender: »vergessen sie meinen Wunsch nicht opern zu schreiben«, rief

---

2 Leopold Mozart an Lorenz Hagenauer, 28. Mai 1764, a. a. O., Bd. 1, S. 152.
3 Mozart an seine Schwester, 2. Oktober 1771, ebd., S. 449.
4 Mozart an seinen Vater, 11. Oktober 1777, a. a. O., Bd. 2, S. 46.

er Leopold Mozart in Erinnerung, »ich bin einen jedem neidig der eine schreibt, ich möchte ordentlich für verdruß weinen, wenn ich eine aria höre oder sehe.«[5] Mitte der Siebzigerjahre hatte er bereits ein halbes Dutzend Opern beziehungsweise opernähnliche Versuche aufzuweisen. Begonnen hatte er, wie erwähnt, mit *La finta semplice*, einer Opera buffa, die er mit zwölf schrieb; seitdem hatte er sich mit *Mitridate* und *Lucio Silla* die prunkvolle, erhabene Sphäre der Opera seria erobert. Die Reihe seiner wichtigsten Opern begann er im Jahre 1781 mit *Idomeneo*.

In der endlosen Debatte darüber, was wichtiger sei, die Musik oder das Libretto, war Mozart ein eindeutiger, rückhaltloser Parteigänger der Musik. Seine Überzeugung brachte er in epigrammatischer Kürze auf den Begriff: »bey einer opera«, schrieb er seinem Vater im Oktober 1781, während er an *Entführung aus dem Serail* arbeitete, »muß schlechterdings die Poesie der Musick gehorsame Tochter seyn.« Nachdem sein jugendliches Ungestüm sich gelegt hatte und damit auch seine Bereitschaft, fast jeden Text zu vertonen, wusste er, was er brauchte: »da ist es am besten, wenn ein guter komponist der das Theater versteht, und selbst etwas anzugeben im stande ist, und ein gescheider Poet, als ein wahrer Phönix, zusammen kommen.«[6] Es war, als

---

[5] Mozart an seinen Vater, 4. Februar 1778, ebd., S. 254.

[6] Mozart an seinen Vater, 13. Oktober 1781, a. a. O., Bd. 3, S. 167. Eine gute Behandlung dieser Episode findet man in Gerald Abraham, »The Operas«, in: *The Mozart Companion*, hrsg. von H. C. Robbins Landon und Donald Mitchell (1956), S. 286–90.

spräche er von sich und Lorenzo da Ponte, seinem fähigsten Librettisten, mit dem zusammen er *Le nozze di Figaro, Don Giovanni* und *Così fan tutte* schuf.

Mozart räumte ein, dass ein Librettist, der seine Feder zu handhaben wusste, tatsächlich mit dazu beitragen konnte, einer Oper Format zu verleihen; dennoch blieb eine Oper mit überzeugender Musik und albernem, verworrenem Libretto immer noch hörenswert – Mozarts *Zauberflöte* war ein einschlägiges Beispiel –, wohingegen eine Oper mit minderwertiger Musik, wenn auch gelungenem Libretto, auf den Müllhaufen gehörte. Ein gutes Libretto zu finden war allerdings nicht leicht; auf dem Gebiet tummelte sich die Mittelmäßigkeit. »ich habe leicht 100 – Ja wohl mehr bücheln durchgesehen«, klagte Mozart im Mai 1783 dem Vater sein Leid, »allein – ich habe fast kein einziges gefunden mit welchem ich zufrieden seyn könnte.«[7]

Mozart zögerte nicht, sich in diesen Dingen Urteilsfähigkeit zuzusprechen; schließlich betrachtete er sich als einen »guten Komponisten, der das Theater versteht«. Er war ein echter Theatermann und verfügte über viel Gespür. Ein ansehnliches Beweiscorpus stützt seine Selbsteinschätzung: eine Reihe von Briefen, die er Ende 1780 und Anfang 1781 schrieb, während er an der Fertigstellung des *Idomeneo* arbeitete. Während Mozart mit den Sängern in München probte, befand sich sein Librettist, den er sich sorgfältig ausgesucht hatte, Giambattista Varesco, ein Kaplan an Colloredos Hof, in Salzburg.

---

[7] Mozart an seinen Vater, 7. Mai 1783, *Briefe*, Bd. 3, S. 268.

Dort weilte auch sein Vater. Mozart, der unbedingt vom Sachverstand seines Vaters profitieren wollte, korrespondierte mit ihm und bat ihn, seine dramaturgischen Überlegungen auch Varesco zur Kenntnis zu bringen.

Diese Einfälle legen in all ihrer Präzision und Detailliertheit Zeugnis davon ab, welch sicheres Gefühl für Dramatik Mozart hatte, wie stark sein Impuls war, die Handlung voranzubringen und sie nur, wenn es unumgänglich war, zu unterbrechen. Gelegentlich fügte er eine Arie ein, weil ein Sopran oder Tenor darauf drängte oder er die Betreffenden mochte; aber auch diese Gefälligkeitskompositionen bemühte er sich in die Handlung zu integrieren. Und er bestand darauf, dass in der Musik ebenso wie in der Sprache alles so natürlich wie möglich sein müsse.

Um das zu erreichen, weigerte sich Mozart bei der Arbeit am *Idomeneo*, gesprochene Zwischenbemerkungen zuzulassen, die in einem Singspiel am Platz sein mochten, nicht hingegen in einer Opera seria; oder er sprach sich gegen eine Arie aus, weil sie den Fortgang der Handlung »matt und kalt« erscheinen ließ und die anderen Sänger währenddessen verlegen auf der Bühne herumzustehen zwang; eine andere Arie wollte er auf ein Rezitativ reduziert wissen. Jeder Verwirrung, die ein allzu geräuschvolles Ensemble im Publikum hervorrufen konnte, suchte er einen Riegel vorzuschieben; Klarheit und Deutlichkeit waren ihm oberstes Gebot. Auch wenn er ein paar Mal Varesco um kleine Einfügungen in das Libretto bat, betrachtete er doch fast immer die Straffung der Handlung als wesentlichen Gewinn.

Wenn es um die Steigerung der dramatischen Wirkung ging, konnte Mozart rücksichtslos sein. Im letzten Akt von *Idomeneo* verkündet eine Orakelstimme mit gebieterischem Nachdruck, was zu geschehen hat, und führt so die Oper zu einem glücklichen Ende. Varescos Fassung dieser entscheidenden Intervention erschien ihm geschwätzig: »Sagen sie mir, finden Sie nicht, daß die Rede von der unterirdischen Stimme zu lang ist?«, wollte er von seinem Vater wissen. »Überlegen Sie es recht. – Stellen Sie sich das Theater vor, die Stimme muß schreckbar seyn, – sie muß eindringen – man muß glauben, es sey wirklich so – wie kann sie das bewirken, wenn die Rede zu lang ist, durch welche Länge die Zuhörer immer mehr von dessen Nichtigkeit überzeugt werden?« Und als Beispiel nennt er die Erscheinung von Hamlets Vater, dem ermordeten König von Dänemark: »Wäre in Hamlet die Rede des Geistes nicht so lang, sie würde noch von besserer Wirkung seyn. – Diese Rede ist hier auch ganz leicht abzukürzen, sie gewinnt mehr dadurch, als sie verliert.«[8] Varescos Versuche, dem gebieterischen Verlangen des Komponisten nachzukommen, konnten diesen offenbar nicht zufrieden stellen; also nahm Mozart die Sache selbst in die Hand. »der orackel spruch ist auch noch viel zu lange – ich habe es abgekürzt«, vertraute er seinem Vater an. »der varesco braucht von diesem allem nichts zu wissen, denn gedruckt wird alles wie er es geschrieben.«[9]

---

[8] Mozart an seinen Vater, 8., 13., 15. und 30. November 1780, ebd., S. 13, 17, 20, 34–35.
[9] Mozart an seinen Vater, 18. Januar 1783, ebd., S. 90.

Kein Komponist ist jemals sorgfältiger geschult worden als Mozart; was seine fachliche Kompetenz betraf, war er jeder Aufgabe gewachsen. Angefangen hatte er seine Ausbildung zu Hause bei seinem schulmeisterlich fordernden Vater, danach war er von Padre Martini unterrichtet worden, schließlich hatte er aufgenommen, was ihm Johann Christian Bach, Joseph Haydn und, ab 1782, Johann Sebastian Bach an Anregungen liefern konnten; sie alle hatten sein Genie befeuert. Aber erst die dramatischen Anforderungen der Oper brachten die Vielzahl seiner Talente, die ganze Breite seiner Ausbildung zum Tragen. Wie wir sahen, boten bereits andere Kompositionen, insbesondere die späten Klavierkonzerte und die letzten Sinfonien, seiner dramatischen Begabung reichlich Entfaltungsraum. Noch deutlicher aber ließen seine Opern das ganze Spektrum dieser Gaben hervortreten.

Eine glückliche Befähigung, die er im Rahmen seiner durch gute Schulung gezügelten Begeisterung für das Theater mitbrachte, war, dass er *charakterbezogene* Vokalmusik zu schreiben verstand. Dank dieser Fertigkeit konnte er dem ästhetischen Ideal seiner Zeit gerecht werden, das die Oper ihrem Wesen nach als ein Drama auffasste, dessen zentrales Ausdrucksmittel die Musik bildete. So sehr er auf die einzelnen Stärken und Schwächen der jeweiligen Sänger, mit denen er arbeitete, Rücksicht nahm – noch mehr sogar achtete er darauf, dass sie die Art Musik sangen, die sich von dem auf der Bühne verkörperten Charakter und von der ihrer Rolle eingeschriebenen Motivlage erwarten ließ: so ist Graf Almavivas Ton in *Figaro* herrisch, fast bissig, während sich Zerlina in *Don Giovanni* naiv gibt, die Unschuld vom Land spielt, oder Fiordiligi in *Così fan tutte* schwülstig, gefühlsselig erscheint. Man fragt sich, was für Bühnenstücke Mozart vielleicht geschrieben hätte, wäre er nicht so eifrig damit beschäftigt gewesen, Opern zu komponieren. An Dramatik hätte es seinen Schauspielen jedenfalls nicht gefehlt.

Im Mai 1783 berichtete Mozart seinem Vater von einem »gewissen abate da Ponte«, der gerade zum Theaterdichter der kaiserlichen Hofbühne in Wien ernannt worden sei und versprochen habe, ihm »ein Neues zu machen«. Seine amtliche Stellung, räumte Mozart ein, bürde da Ponte eine enorme Menge Arbeit auf; als Erstes müsse er ein Libretto für Salieri schreiben. Aber vielleicht danach? Mozart war skeptisch: »sie wissen wohl die Herrn Italiener sind ins gesicht sehr artig! – genug, wir kennen sie!« Und wenn da Ponte sich mit Salieri gut verstehe, fügte er hinzu, werde er, Mozart, sein Lebtag kein Libretto von ihm bekommen. Das tat ihm von Herzen Leid: »und ich möchte gar zu gerne mich auch in einer Welschen opera zeigen«.[10]

Dies eine Mal erwies sich Mozarts Pessimismus als ungerechtfertigt: Zwei Monate später überreichte ihm da Ponte einen Text, von dem Mozart meinte, er könne ihn gebrauchen, »wenn er es nach meinem sinn zuschnizeln will«.[11] Aus dem Vorhaben wurde nichts; für kurze Zeit bastelte Mozart an

---

[10] Mozart an seinen Vater, 7. Mai 1781, ebd., S. 268.
[11] Mozart an seinen Vater, 5. Juli 1783, ebd., S. 278.

einer Oper mit dem Titel *Lo sposo deluso*, legte sie dann aber wieder beiseite. Ein Jahr danach indes begann ihre epochemachende Zusammenarbeit, als Mozart und da Ponte darangingen, Beaumarchais' Theaterstück *Le Mariage de Figaro*, das in Frankreich Furore gemacht hatte, für die Opernbühne zu bearbeiten.

Da Ponte war ein faszinierender Partner. Sein Leben war eine einzige Eskapade voller Skandale, überstürzter Ortswechsel von einem Land zum anderen und verschiedenartigster Aktivitäten. Durchaus passend, dass zu seinen Freunden der Abenteurer, Schriftsteller und rastlose Liebhaber Giacomo Casanova zählte. Da Ponte kam 1749 im Getto von Ceneda bei Venedig als Emmanuele Conegliano zur Welt; ein Jahr später ließ sich sein verwitweter Vater zusammen mit seinen drei Söhnen taufen, damit er eine junge Christin heiraten konnte. Lorenzo da Ponte, wie er sich mittlerweile nannte (er hatte den Namen des Bischofs, der ihn taufte, angenommen), hatte sich in jungen Jahren weitgehend autodidaktisch gebildet; er beschloss, aufs Priesterseminar zu gehen, um versäumte Bildung nachzuholen und zugleich eine Sprosse auf der sozialen Stufenleiter zu erklimmen. Bald aber wurde klar, dass der neu gebackene da Ponte für das karge Priesterleben nicht geschaffen war, auch wenn er die niederen Weihen erhielt. Er wollte Dichter und ein Mann von Welt sein; als er 1773 nach Venedig umsiedelte und dort ein ausschweifendes Leben begann, wurde er beides. Seine ehebrecherischen Affären brachten ihn mit dem Gesetz in Konflikt, und er floh nach Norden; 1782 ließ er sich auf der Suche nach Gönnern, die ihm bei seiner Karriere behilflich sein konnten, in Wien nieder. Er hatte das Glück – oder war talentiert und gewandt genug –, einen guten Eindruck auf Salieri und auf Kaiser Joseph II. zu machen. Es dauerte nicht lange, da erhielt er seine Ernennung zum Theaterdichter an der kaiserlichen Hofbühne.

Dann folgten die glorreichen gemeinsamen Jahre mit Mozart; 1791 allerdings, in Mozarts Todesjahr, hielt es da Ponte für an der Zeit, sich wieder auf die Socken zu machen. Er durchstreifte die Hauptstädte Westeuropas, wo er faszinierende Bühnenprojekte in Vorschlag brachte und zu realisieren versuchte; sie scheiterten allesamt, wodurch er gezwungen war, immer neue Projekte zu ersinnen. Um sich zu erhalten, arbeitete er als Übersetzer, schrieb Libretti für zweitrangige Komponisten und veröffentlichte seine Dichtung. Jahrelang lebte er unter schwierigen Verhältnissen in London, wo er sich als Dichter und Librettist für das King's Theatre in Haymarket durchschlug und in Schulden ertrank. Schließlich tauchte er mit Frau und fünf Kindern im Schlepptau 1805 in den USA auf und widmete sich erneut seinen gewohnten kommerziellen und finanziellen Spielchen. In seinen letzten Lebensjahren ging es ihm besser: Im Alter von sechsundsiebzig wurde er 1825 Professor für Italienisch an der Columbia University. Er starb 1838, vier Jahrzehnte nach Mozart, und hinterließ eine interessante, aber unzuverlässige Autobiographie, in der er größere Verdienste an der Entstehung von Mozarts drei unsterblichen komischen Opern beansprucht als ihm vermutlich zukommen.

Wie groß der jeweilige Anteil der beiden am Entstehungsprozess tatsächlich war, wird sich nie klären lassen, es sei denn, wir erhielten Aufschluss durch neue, unerwartet aufgefundene Dokumente. Dass da Ponte ein Dichter mit Sinn für Dialoge und einem beachtlichen Gespür für Dramatik war, steht außer Frage; Mozart indes, der Mann der Bühne, beschränkte seine Rolle nicht aufs Komponieren. Fest steht nur, dass die zwei 1785 mit der Arbeit an *Le nozze di Figaro* begannen, einer »commedia per musica«, wie sie ihr Vorhaben nannten.

Sie hatten eine mutige und kluge Wahl getroffen. Beaumarchais musste sich fast ein Jahrzehnt lang mit den französischen Behörden herumschlagen, ehe er die Erlaubnis erhielt, *La Folle Journée, ou Le Mariage de Figaro* aufzuführen. Er vollendete die Komödie 1778, und sie fand Anklang bei hoch gestellten Persönlichkeiten. Man brachte sie sogar privat auf die Bühne. Publiziert und öffentlich aufgeführt wurde sie indes erst 1784, da der Autor es in den Augen der aufgeregten Zensoren, die dafür zu sorgen hatten, dass nichts Anstößiges im Druck erschien, mit seiner Darstellung des Grafen Almaviva, eines überheblichen, eifersüchtigen aristokratischen Schürzenjägers, entschieden an Ehrerbietung fehlen ließ, während er aus seiner Sympathie für Figaro, den Kammerdiener des Grafen, und für Suzanne, die Zofe der Gräfin, kein Hehl machte. Figaro und Suzanne wollen heiraten und den Grafen dazu bringen, auf das *ius primae noctis* zu verzichten, das anachronistische Privileg des Feudalherrn, mit der Braut die Hochzeitsnacht zu verbringen. Der Graf hat diesem Recht entsagt, möchte es aber, von Suzannes Reizen bezaubert, wieder beleben. Die Handlung dreht sich um sein Begehren und dessen Vereitelung. Als das Stück endlich in der Comédie-Française zur Aufführung kam, feierte es Triumphe. Sein Anteil am Ausbruch der Französischen Revolution ist zwar stark übertrieben worden – Napoleon äußerte später auf St. Helena, mit der Aufführung der Komödie sei die Revolution bereits ausgebrochen –, immerhin aber diagnostizierte es eine von unversöhnlichen gesellschaftlichen Spannungen zerrissene Gesellschaft.

In ihrer Version des Stückes hielten sich da Ponte und Mozart ziemlich genau an Beaumarchais' Vorlage; sie übernahmen fast alle Personennamen, übersetzten sie nur ins Italienische. Wie das Theaterstück zeigt uns auch die Oper die Verlobten Figaro und Susanna, die mit List und Tücke darum bemüht sind, die Braut ohne Einbuße ihrer Tugend in den Ehestand treten zu lassen, ihren Herrn, der die gegenteilige Absicht verfolgt, seine reizende, hart geprüfte Gattin, den halbwüchsigen Cherubino, der sich in jede Frau, die ihm über den Weg läuft, verliebt (und den nach Beaumarchais' Anweisung »eine junge, möglichst hübsche Frau« spielen sollte, was da Ponte für die Oper übernahm), schließlich Marcellina und Bartolo, die ausgeheckt haben, Figaro mit erpresserischen Methoden zur Ehe mit Marcellina zu zwingen, und sich stattdessen als seine Eltern herausstellen, nebst einer Anzahl dienstbarer Geister.

Auch die Geschichte selbst und die soziale Grundhaltung, die das Bühnenstück zu einem solchen Renner machte, kehrt im Großen und Ganzen in der Oper wieder: da sind die hartnäckigen Versuche des Grafen, Susanna zu verführen, der Scharfsinn und das freimütige Wesen der jungen Frau, die Verwicklungen, die dadurch entstehen, dass es zu allerlei Verwechslungen und schließlich einer freundlichen Verschwörung kommt mit dem Ziel, dem Grafen eine Lektion zu erteilen. Dem Theaterstück und der Oper ist eine ausgeprägt egalitäre Gesinnung gemeinsam: Die Gräfin und Susanna verkehren zwar nicht von Gleich zu Gleich miteinander – weder Beaumarchais noch Mozart neigten zum Extremismus –, aber Herrin und Dienerin sind einander freundschaftlich zugetan; kein Komponist hat je ein entzückenderes Duett für weibliche Stimmen geschrieben als Mozart mit seiner Vertonung des vertraulichen Gesprächs zwischen den beiden, während sie den Brief ausbrüten, der den Grafen in die Falle locken und bloßstellen soll.

Da Ponte, der Joseph II. überredete, ihn das Libretto für *Figaro* schreiben zu lassen, änderte nichts an dem rebellischen Grundton und beschränkte sich darauf, die erotischen Anspielungen Beaumarchais' abzuschwächen und das Bedauern des Grafen darüber, dass er sein Privileg auf die Brautnacht aufgegeben hat, bloß andeutungsweise zur Sprache zu bringen. Die stärkste Abweichung von der Vorlage weist das Libretto in der Philippika auf, die Beaumarchais im letzten Akt Figaro in den Mund legt. Rasend vor Zorn, geißelt Figaro, der fälschlich meint, seine geliebte Susanna betrüge ihn mit dem Grafen, die Treulosigkeit der Frauen und überhäuft anschließend seinen Herrn mit Schmähungen: »Nein, Herr Graf, Sie bekommen sie nicht ... Sie bekommen sie nicht. Weil Sie ein großer Herr sind, halten Sie sich für einen großen Geist ... Adel, Reichtum, ein hoher Rang, Würden, das macht so stolz! Was haben Sie denn getan, um so viele Vorzüge zu verdienen? Sie machten sich die Mühe, auf die Welt zu kommen, weiter nichts; im Übrigen sind Sie ein ganz gewöhnlicher Mensch ...« Er streicht heraus, wie sehr er den Grafen an Kenntnissen und Fertigkeiten übertrifft, der in dieser Hinsicht kaum etwas zu bieten hat.[12]

Es ist ein großer Monolog, der längste im ganzen Stück. Da Ponte indes erschien es ratsam, auf diese politische Brandrede zu verzichten und es bei Figaros frauenfeindlichem Rat an die Männer zu belassen, sich vor den Weibern in Acht zu nehmen: Haltet die Augen offen! Hütet euch vor ihrer treulosen Natur! Ein gutes Stück realistischen Klassenkonflikt und ein gerüttelt Maß erotische Spannung bewahrte da Ponte in seinem Libretto; in »Se vuol ballare«, seiner berühmten Arie aus dem ersten Akt, fordert Figaro den Grafen praktisch zum Duell um Susanna heraus. Aber insgesamt milderte da Ponte die scharfen Töne, besonders die sexuellen, und verbarg sie unter einer geglätteten Oberfläche, auch wenn Mozart dafür sorgte, dass sie mit ihrer ganzen Schwungkraft die Handlung durchdrangen. In den Arien, den Duetten, Trios und Sextetten, den eleganten Kommentaren, die das Orchester beisteuert, zaubert Mozart durch seine zuweilen düstere, häufiger sarkastische und jedenfalls stets wohlklingende Musik wirkliche, von Leidenschaften getrie-

---

[12] Beaumarchais, *Le Mariage de Figaro* (1784), 5. Akt, 3. Szene.

bene, von inneren Konflikten gelähmte und stets mit äußeren Mächten und mit sich selbst im Streit liegende menschliche Wesen auf die Bühne.

Zu guter Letzt triumphiert Verständnis über die Missverständnisse; Susanna und Figaro können ihre Hochzeit feiern, und sogar der Graf wird dazu gebracht, sich für seine sexuelle Haltlosigkeit und für seine grundlose Eifersucht zu entschuldigen. Wie lange seine Gewissensbisse Wirkung zeitigen, bleibt dahingestellt, die Oper endet, ehe der Graf seine Läuterung unter Beweis stellen kann. Für die Beurteilung von *Le nozze di Figaro* spielt das aber auch keine Rolle; manches von dieser Musik zählt zu dem Eindringlichsten und Bezauberndsten, was Mozart je geschrieben hat. Im Jahre 1881 äußerte Johannes Brahms, der das Werk seines Vorgängers aufs Sorgfältigste studiert hatte, gegenüber einem Freund: »Jede Nummer in Mozart's Figaro ist für mich ein Wunder; es ist mir absolut unverständlich, wie Jemand etwas so absolut Vollkommenes schaffen kann; nie ist wieder so etwas gemacht worden, auch nicht von Beethoven!«[13]

Die Wiener allerdings ließen sich von den Qualitäten der Oper nicht überzeugen. Zwar klatschten sie bei der Premiere eifrig Beifall, und mehrere Arien mussten wiederholt werden; aber nach ein paar Aufführungen verschwand *Figaro* vom Wiener Spielplan und tauchte dort erst 1789 wieder auf. Die Oper *Una cosa rara* von Vicente Martín y Soler, deren Libretto ebenfalls da Ponte verfasste und die

---

[13] Theodor Billroth an Wilhelm Lübke, 29. Oktober 1881, *Briefe von Theodor Billroth* (1895; 7. Aufl., 1906), S. 273.

ein paar Monate nach *Figaro* uraufgeführt wurde, lief mit ihren simplen, als Gassenhauer geeigneten Melodien und ihren holzschnittartigen Charakteren Mozarts großer Komödie mühelos den Rang ab. Heute ist sie so gut wie vergessen.

Prag war anders. Im Dezember 1786 besuchte Mozart die Stadt, um einer Aufführung von *Le nozze di Figaro* beizuwohnen. Er hatte gute Freunde in Prag und verbrachte dort glückliche Tage, froh, den düsteren Gedanken entrinnen zu können, die ihn seit einiger Zeit quälten. Im Januar 1787 berichtete er einem Freund, wie angenehm es sei, Leute fröhlich nach Musik aus *Figaro*, deren sie sich für Kontertänze bedienten, tanzen zu sehen. »denn hier wird von nichts gesprochen als vom – figaro: keine Opera besucht als – figaro und Ewig figaro; gewis grosse Ehre für mich.«[14] Mozart übertrieb kaum. Das Prager Musikpublikum, schrieb Niemetschek, der selbst aus der Stadt stammte, brachte das geistige Rüstzeug mit, Mozarts Genie zu würdigen. »Meine Prager verstehen mich«, soll Mozart geäußert haben – und er hatte Recht. Einmütig und ohne dass sich abweichende Stimmen hören ließen, begeisterte sich das Prager Publikum für Mozart, für den *Figaro*, für Mozarts Klavierimprovisationen über Themen aus *Figaro*, für seine »Prager« Sinfonie, ein Vorspiel zu der Krönung, die seine noch ausstehenden letzten drei Sinfonien darstellen sollten. Der Besuch in Prag brachte Mozart eine willkommene Aufbesserung seiner Finanzen: er bescherte

---

[14] Mozart an Gottfried von Jacquin, 15. Januar 1787, *Briefe*, Bd. 4, S. 8.

ihm Einkünfte von nicht weniger als 1000 Gulden netto. Und nicht weniger erfreulich war, dass Pasquale Bondini, der unternehmendste Impresario Prags, Mozart vertraglich verpflichtete, eine Oper für die Wintersaison zu komponieren.

Diese Oper war *Don Giovanni*. Ende Oktober 1787 in Prag uraufgeführt, erhielt sie, wie Mozart einem Freund schrieb, den »lautesten beyfall«.[15] Sie war ein *dramma giocoso*, ein Genre, das praktisch als eine Erfindung des überaus produktiven italienischen Stückeschreibers und Librettisten Carlo Goldoni gelten kann und in dem sich erhabene mit volkstümlichen Elementen mischen. In Wahrheit weist *Don Giovanni* denkbar wenig echten Frohsinn auf; was sich an Humoristischem dort findet – einmal abgesehen von der konventionellen Figur Leporellos, des ebenso schlauen wie ungebildeten komischen Dieners, wie er für die damalige Bühne typisch war –, ist von einer gewissen Lasterhaftigkeit und von unverhohlenem Hedonismus geprägt. Einige der Paradenummern der Oper konnten konservative Moralapostel nur empören. Man denke an Leporellos berühmte »Registerarie«, in der er den Typus und die Zahl der Frauen aufführt, deren Gunst Don Giovanni auf seinen Reisen genossen hat – Hunderte in den einzelnen Ländern, »aber in Spanien schon tausend und drei« –, um die entsetzte Donna Elvira, eine der von Don Giovanni sitzen gelassenen Geliebten, von ihrer törichten Liebe abzubringen. Oder man denke an Don Giovannis kurze,

---

[15] Mozart an Gottfried von Jacquin, 4. November 1787, ebd., S. 58.

explosive »Champagnerarie« (so wird sie genannt, obwohl in ihr von Champagner gar nicht die Rede ist), die ein Loblied auf die reine – sprich, unreine – Sinnenlust ist. Beethoven, von dem es heißt, er habe Mozarts Musik für *Don Giovanni* bewundert, schauderte es zugleich bei dem Gedanken, er könne jemals ein so lasterhaftes Thema zum Gegenstand einer Oper machen. Er empfand es als ungehörig, den letzten Erdentag eines unbußfertigen, zügellosen Aristokraten auf eine halb komische Weise zu behandeln.[16] Die Moralisten haben sich allerdings nie durchsetzen können.

Wie schon bei *Le nozze di Figaro* bemühten Librettist und Komponist auf der Suche nach einem geeigneten Stoff auch diesmal die Literatur und fanden etwas mit einer langen und lebendigen Tradition: Die Geschichte von dem unwiderstehlichen, gottlosen Wüstling, den am Ende seine Strafe ereilt, war in verschiedenen Versionen schon zweihundert Jahre lang im Schwange. Für das Gespann Mozart/da Ponte stellte sie angesichts des bedeutungsschweren Geschehens – versuchte (oder tatsächliche) Vergewaltigung, Mord, Gotteslästerung und Verdammung – eine echte Herausforderung dar. Im Zentrum von *Don Giovanni* stehen wie bei *Figaro* die Unersättlichkeit und Unberechenbarkeit der sexuellen Triebe; weit freimütiger aber als in *Figaro* wird in *Don Giovanni* ihr Zusammenhang mit der Aggression und mit Tendenzen zur Selbstaufgabe thematisiert, wie sie die bemitleidenswerte Donna

---

[16] Edward J. Dent, *Mozart's Operas: A Critical Study* (1913; 2. Aufl., 1947), S. 177.

172

Elvira an den Tag legt, die sich an einen Schürzenjäger, der ihrer nicht wert ist, wegwirft. Aber bei all ihrer Ernsthaftigkeit ist die Oper weder getragen noch pompös; als *dramma giocoso* beweist sie eine Art von rauem Ungestüm, während sie vom Verbrechen bis zu seiner Bestrafung eine Folge rasch sich entfaltender und miteinander verschränkter Ereignisse durcheilt. Don Giovanni stürzt von einem Verführungsversuch zum nächsten, spielt verblüffende Verwirrspiele, hat beunruhigende Begegnungen mit Donna Elvira, setzt sich mit größter Gleichgültigkeit über konventionelle Moralvorstellungen hinweg und bietet dem übernatürlichen Rächer kühn die Stirn.

Die Vorlagen, auf die da Ponte zurückgreifen konnte, die sich um die Legende von Don Juan rankenden Theaterstücke und Libretti, gaben für eine komplette Oper nicht genug her und brauchten deshalb ein bisschen Füllmaterial; also wurde die Handlung mit einer Reihe von einfallsreichen, verstreuten Auftritten ausgepolstert: Dieses eine Mal machte Mozart um der Länge des Stückes willen beim Tempo der Handlung Kompromisse. Manche Musikwissenschaftler betrachten diese Einschübe mit einer gewissen Reserve: Besonders im zweiten und letzten Akt gibt es etliche Episoden, die nichts Nennenswertes zum Fortgang der Handlung beitragen. Die Musik indes, die Mozart für diese Episoden schrieb, zählt zu den Glanzpunkten der Oper und macht die leichte Inkonsequenz, mit der Don Juan seinem Untergang entgegeneilt, mehr als wett.

Die unheilschwangeren, ausdrucksstarken Eingangstakte der Ouvertüre signalisieren dem Hörer, dass Tragisches bevorsteht. »Gleich mit Beginn der Ouvertüre«, schrieb Charles Gounod voller Bewunderung, »versetzt uns der Meister mitten in die Handlung der Oper, Motive der letzteren sind in die Ouvertüre übernommen. Die wuchtigen, feierlichen Anfangsakkorde mit ihrem synkopisierten Rhythmus verkünden sogleich die erhabene und furchtbare Macht der göttlichen Gerechtigkeit, der Rächerin des Verbrechens.«[17] Die Ouvertüre geht ohne Unterbrechung in die Handlung über; als Erster erscheint Leporello, Don Giovannis Diener, auf der Bühne und macht seinem Zorn darüber Luft, dass er vor dem Haus des Komturs Wache stehen und auf seinen Herrn, der sich drinnen aufhält, warten muss. Nach seiner beredten Klage, die uns ebenso viel über Don Giovanni wie über Leporello selbst verrät, stürzt sich die Oper Hals über Kopf ins Geschehen. Don Giovanni und Donna Anna und danach ihr Vater, der Komtur, kommen aus dem Haus; im Dunkel der Nacht hat der notorische Verführer Donna Anna zu erobern versucht; möglicherweise war er sogar erfolgreich.

Die Gelehrten sind sich in dieser nicht eben entscheidenden Frage uneins. Die Verfechter einer drastischeren Version des Vorgefallenen verweisen auf Donna Annas rasenden Zorn. (Hat sie ihre Jungfräulichkeit für ihren Verlobten, Don Ottavio, bewahren wollen oder diesen gar zu einem Stelldichein erwartet? Hat sie heimlich einem von Moral und Religion verbotenen Genuss gefrönt?) Was auch immer geschah, bevor der Vorhang sich hebt, Don

---

[17] Charles Gounod, *Mozarts Don Juan*, Leipzig 1891, S. 7.

Giovanni duelliert sich mit Donna Annas Vater und verwundet ihn tödlich. Don Giovanni und sein Diener flüchten, und kurz darauf kehrt die verzweifelte Tochter mit Don Ottavio, den sie geholt hat, auf den Schauplatz zurück und berichtet ihm, was vorgefallen ist. Außer sich und fast schon hysterisch lässt sie den Verlobten mehrfach schwören, dass er sie rächen wird.

Als wäre nichts passiert, versucht Don Giovanni das hübsche, schlichte Bauernmädchen Zerlina zu verführen, das er auf einem Fest zur Feier ihrer bevorstehenden Heirat mit Masetto trifft. Halb aus eigenem Antrieb, halb von den Überredungskünsten Don Giovannis betört (in der Fähigkeit, Ambivalenz musikalisch auszudrücken, ist Mozart unübertroffen), ist sie geneigt, seinem Heiratsversprechen Glauben zu schenken, und schickt sich an, mit ihm zu gehen, wird aber von Donna Elvira gerettet; für ihre beabsichtigte Untreue erlangt sie schließlich Masettos Vergebung. In der Schlussszene des ersten Aktes stellen Donna Anna und Don Ottavio, von Donna Elvira unterstützt, Don Giovanni und gewinnen die Überzeugung, dass er der Mörder des Komturs war; er aber entkommt abermals.

Im zweiten Akt gehen Don Giovanni und Leporello über einen Friedhof und stoßen auf die steinerne Statue des Komturs – sie ist offenbar binnen zweier Stunden entworfen und angefertigt worden –, aber bei einer Oper mag so etwas durchgehen. Der pietätlose Don Giovanni schenkt Leporellos inständigen Bitten, mehr Ehrfurcht vor den Toten zu zeigen, keine Beachtung und zwingt ihn, die Statue zum Essen einzuladen. Mit einem Kopf-

nicken und einem im tiefsten Bass geäußerten »Sì«
nimmt der Komtur die Einladung an. Die Szene, zu
der es daraufhin kommt, halten viele Opernkenner
für die mitreißendste Episode in der ganzen Opern-
geschichte. Ort des großen Finales sind passender-
weise Don Giovannis elegante Gemächer, wo er
einem schwelgerischen Mahl zuspricht. Durch Leporello, der sich an den für die Gäste seines Herrn
bestimmten Speisen gütlich tut und Bissen um Bissen
hinunterschlingt, erhält die Szene einen humoristischen Zug, der das bevorstehende tragische Ende
umso packender macht. Im Hintergrund spielt ein
Orchester Auszüge aus zeitgenössischen Opern,
etwa aus Martins *Una cosa rara* und aus Mozarts
Figaro, wozu Leporello trocken bemerkt, er kenne
diese Weise nur zu gut. Sein Glas hebend, bringt
Don Giovanni einen Trinkspruch auf die Frauen,
den Wein und die Freiheit aus. Donna Elvira stürzt
herein und fleht ihn zum letzten Mal an, seinen Lebenswandel zu ändern und seine Seele zu retten,
aber er weist sie kalt ab. Beim Hinausgehen stößt sie
einen Schrei aus: Sie sieht die Statue kommen.

Übermenschlich groß und überwältigend mäch-
tig, tritt der Komtur ein; es folgt der Kampf um Don
Giovannis Seele. Allem Drängen der Statue zum
Trotz bleibt Don Giovanni verstockt; auch als die
Statue seine Hand fasst und ihn bis ins Mark er-
schauern lässt, weigert er sich nachzugeben. »Öffne
dein Herz der Reue«, fordert ihn die Statue auf. »Dir
schlug die letzte Stunde!« Don Giovanni aber trotzt
seinem Henker und bleibt bis zum Ende anmaßend:
»Nein, nein, betörter Alter!« Der Wortwechsel wird
immer einsilbiger: »Beuge dich!«, »Nein!«, »Beuge

dich!«, »Nein!«. In einem letzten Versuch, den Sünder zur Umkehr zu bewegen – in den Leporello, der sich unter dem Tisch in Sicherheit gebracht hat, einstimmt, fordert die Statue gebieterisch: »Ja!« Don Giovanni aber, der heldenhafte Größe beweist, verkündet seine endgültige Weigerung in einem Ton, den nur ein Tenorbariton erreichen kann: »Nein!« Er mag ein skrupelloser, lästerlicher Wüstling sein, aber er steht zu dem Lebenswandel, den er Tag und Nacht geführt hat: Lang lebe Weib, Gesang und Freiheit! Und die Statue lässt Don Giovanni zur Hölle fahren. Es erübrigt sich anzumerken, dass Mozarts Orchestrierung, die an dieser Stelle erstmals Posaunen einsetzt, der wachsenden, fast ins Unerträgliche gesteigerten Spannung perfekt Rechnung trägt.

Mozarts Prager, die im Oktober 1787 die Uraufführung erlebten, wurden von »ihrem« *Don Giovanni* nicht enttäuscht. Die Wiener hingegen waren, wie so oft bei Mozart, kritischer gestimmt. Mitte Mai 1788 brachte Mozart nach einigen Überarbeitungen die Oper in Wien auf die Bühne und erlebte einen nur bescheidenen Erfolg. Die Ansichten waren geteilt; einige empfanden die Musik als »agréable et très variée«, aber noch mehr klagten, sie sei »savante« – was, wie gesagt, nicht als Kompliment gemeint war –; der Opernliebhaber Joseph II., der von der Front des sich hinziehenden österreichisch-türkischen Krieges zurückgekehrt war, äußerte: »La Musique de Mozart est bien trop difficile pour le chant.«[18]

---

[18] Deutsch, *Mozart*, S. 276–77.

Von Anfang an entspannen sich um *Don Gio-vanni* heftige Debatten, nicht zuletzt um das abschließende Sextett, das unmittelbar auf die Höllenfahrt Don Giovannis folgt. Donna Anna, Don Ottavio, Donna Elvira, Masetto, Zerlina und Leporello versammeln sich auf der Bühne und geben in relativ nüchternem Ton Auskunft darüber, mit welchen Empfindungen sie das Ereignis zurücklässt und wie ihre Zukunftspläne aussehen. Mit Rücksicht auf das Staunen und Schrecken erregende Geschehen, dessen Zeugen sie gerade waren, ist vielen Zuhörern diese Szene als eine Art kalte Dusche erschienen. Keine Frage, dass sie das emotionale Klima drastisch abkühlt. Endete die Oper, unmittelbar nachdem die Statue um Don Giovannis Seele gerungen und den Kampf verloren hat, so wäre dafür gesorgt, dass die Zuhörer den Schauplatz in einer Stimmung romantischer Erschütterung verlassen. Und Romantiker (zu denen auch noch Gustav Mahler zählt) haben das Sextett in der Tat häufig weggelassen. Die zweifelhafte Überlieferung, dass auch Mozart es bei der Aufführung des *Don Giovanni* in Wien weggelassen habe, verlieh dieser Streichung gewissermaßen eine Legitimation. Sie ist indes ungerechtfertigt, so verführerisch sie aus dramaturgischer Sicht auch anmuten mag. Mozart schrieb keine romantische Oper, sondern ein *dramma giocoso*, das üblicherweise einen Schluss erforderte, bei dem wie am Ende eines Romans von Charles Dickens alles noch rasch unter Dach und Fach gebracht werden muss: Zerlina und Masetto werden sich wieder ihrer Hochzeit widmen, Donna Elvira wird ins Kloster gehen, Donna Anna bittet ihren ungeduldigen Don

Ottavio, ihr noch ein Jahr Zeit bis zur Eheschließung zu lassen, und Leporello wird sich natürlich auf die Suche nach einem neuen Herrn machen. Wie es sich gehört, schließt die Oper in einer Dur-Tonart.

Wenn schon *Don Giovanni* bei den Tugendhaften das ungute Gefühl zurückließ, hier werde die Unmoral (oder jedenfalls moralisch Anrüchiges) gefeiert und ein zwanghafter Schürzenjäger zu einer existenziellen Heldenfigur gemacht, so fand die letzte Oper, bei der Mozart und da Ponte zusammenarbeiteten, *Così fan tutte*, nach ihrem Triumph bei der Uraufführung eine sogar noch geteiltere Aufnahme. Weithin wurde ihr vorgeworfen, sie verletze die Grenzen des Anstands.

Die Komödie entsprang einem herrscherlichen Auftrag: Der ansonsten durch den türkischen Krieg in Anspruch genommene Kaiser verlangte nach dem Besuch einer Neuaufführung von *Le nozze di Figaro* in Wien, Mozart solle eine weitere Opera buffa schreiben. Er schlug sogar ein Thema vor, das, wie man munkelte, auf eine reale Begebenheit zurückging, die sich kurz zuvor in Wien ereignet hatte. Das bedeutete, dass da Ponte, auch wenn er sich auf ein paar literarische Vorlagen stützen konnte, weitgehend auf die eigene dichterische Einbildungskraft angewiesen war. Er zog sich glänzend aus der Affäre; Mozart scheint da Pontes Libretto als äußerst inspirierend und nicht, wie manche behaupten, als beschwerlich empfunden zu haben. Die Besetzung, die sich die beiden ausdachten, war perfekt – vielleicht zu perfekt – ausgewogen: zwei junge, als Ehemänner begehrte Offiziere, Ferrando und Gug

179

lielmo; zwei junge, schöne Schwestern, Fiordiligi und Dorabella, die mit diesen Offizieren verlobt sind; ein ältlicher Zyniker, Don Alfonso, unterstützt von Despina, einer gewieften, wenig sittenstrengen Kammerzofe.

Die Handlung beginnt schwungvoll: Bis über beide Ohren verliebt, preisen die beiden Männer die Treue ihrer Verlobten in den höchsten Tönen; Don Alfonso, vor dem sie ihr Loblied singen, weigert sich, auch nur ein Wort davon zu glauben: Frauen seien zu flatterhaft, um treu sein zu können. Sie schließen eine Wette ab; ein raffiniert inszenierter Schwindel soll zeigen, ob die Frauen standhaft sind oder nicht. Ferrando und Guglielmo geben vor, ins Feld ziehen zu müssen und verabschieden sich in einer herzergreifenden Szene von den Schwestern. Zusammen mit Don Alfonso singen die vier Liebenden ein rührendes Quintett, das sich über die unmittelbare, einigermaßen possenhafte Situation weit erhebt und dem Trennungsschmerz der Liebenden Ausdruck verleiht.

Ferrando und Guglielmo kehren kurz darauf in wenig glaubwürdiger Verkleidung zurück; sie treten in operettenhaften Uniformen und mit eindrucksvollen Schnauzern als Albaner auf. Durch Don Alfonso, ihren Fürsprecher, bitten sie, den Damen ihre Aufwartung machen zu dürfen, die zuerst ablehnen, da sie sich zu elend fühlen, um Gesellschaft ertragen zu können. Von Despina überredet und getrieben von ihrer Neugier, empfangen sie schließlich die Albaner und finden sie bald schon hochinteressant – wobei es zu einer Paarbildung über Kreuz kommt, weil die beiden Schwestern jeweils an dem Verlobten der anderen Gefallen finden. Indem sie so tun, als nähmen sie sich aus Liebe das Leben, sinken die beiden Albaner zu Boden. Ein Arzt wird gerufen, den, ausgerüstet mit einem riesigen Magneten – womit die damals verbreitete Mode des Mesmerismus durch den Kakao gezogen wird –, Despina spielt. Unverständliches plappernd und mit dem Magneten herumfuchtelnd, befreit der »Doktor« die Albaner erfolgreich von dem Gift, das sie umzubringen droht.

Im zweiten Akt geben sich die Schwestern nach tugendhaften Beteuerungen ihrer Treue und nach einem letzten Zögern, das ihnen gestattet, sich in Arien über das Wechselbad ihrer Gefühle auszulassen, endlich geschlagen. Kaum sind die desillusionierten Offiziere mit Don Alfonso, der seine Wette gewonnen hat, allein, schreien sie ihren Zorn auf die Frauen heraus: *Così fan tutte!* – So machen sie's alle! – *Così fan tutte!*

Ein Heiratsvertrag wird aufgesetzt und ein Notar (abermals Despina, diesmal als näselnder, kurzatmiger Tenor) erscheint, um die Verbindung zu beglaubigen. Da verkündet Don Alfonso plötzlich den Schwestern, ihre früheren Verlobten seien überraschend zurückgekehrt. Sie finden sich in ihrem bodenlosen Wankelmut entlarvt; aber alles endet gut: die Männer gewähren und die Frauen erlangen Verzeihung. Eine letzte ungeklärte Frage bleibt allerdings, die mangels Regieanweisungen durch da Ponte und Mozart auch praktisch gar nicht zu klären ist und deren Lösung deshalb dem Gutdünken des Regisseurs überlassen bleibt: Knüpfen die Paare wieder da an, wo sie standen, als die Männer ihren Abschied nahmen, oder halten sie an der neuen Paarbildung fest? Spielt das überhaupt eine Rolle? Bei diesem verwirrenden Liebesmenuett – wenn man denn von Liebe sprechen kann – ist eine Lösung so gut oder so banal wie die andere.

Das Wiener Publikum, das Anfang 1790 die Premiere und die anschließenden Vorstellungen erlebte, fand nichts Anstößiges an der Oper; worauf es für die Zuhörer ankam, waren Sprachwitz und Schönheit der Musik, und beides bot ihnen *Così fan tutte*. Den größten Teil des 19. Jahrhunderts hindurch wurde indes die Opernszene von Leuten beherrscht, die dem Werk übel wollten und zwar die Schönheit einräumten, den Witz aber in Abrede stellten. Sie scheuten sich nicht, an der Partitur herumzubasteln und andere Mozart'sche Arien einzufügen; meist aber waren sie bemüht, so viel wie möglich von der Musik der Oper zu erhalten und nahmen deshalb beim Text Ersetzungen vor, die für eine nach ihrer Ansicht weniger anstößige Sprache sorgten, oder brauten gar vollständige neue Libretti zusammen. 1863 bekamen die französischen Opernbesucher eine Version mit dem Titel *Peines d'amour* geboten, die sich an das Shakespeare-Stück *Love's Labour's Lost* (*Verlorene Liebesmüh'*) anlehnte, das einige Ähnlichkeit mit *Così fan tutte* aufweist. Allmählich aber begannen gewissenhafte Musiker, die Oper im Originalzustand wiederherzustellen; in München führte 1897 der große Wagner-Dirigent Hermann Levi mit einer von ihm selbst angefertigten Übersetzung (in Deutschland wurden bis noch vor relativ kurzer Zeit alle Opern auf Deutsch gesungen) eine Inszenierung auf, die unverfälschter Mozart war.

Und doch hat bis heute keine Mozart-Oper beim Fachpublikum ein so geteiltes Echo gefunden wie *Così fan tutte*. Für Edward Dent, eine Autorität auf dem Gebiet der Mozart-Opern, stellt das Textbuch »das beste aller Libretti da Pontes« und in der Tat »das erlesenste Kunstwerk unter Mozarts Opern« dar. Im schroffen Gegensatz dazu urteilt Joseph Kerman in seinem hoch geschätzten Buch *Opera as Drama, Così fan tutte* eigne »etwas Unbefriedigendes. Ohne Frage ist es Mozarts problematischste Oper ...« Er lässt sich von seiner kritischen Haltung auch nicht durch Deutungen abbringen, die das Werk dadurch zu retten versuchen, dass sie in ihm entweder eine witzige liebesgeometrische Konstruktion oder ein vergnügliches Märchen oder auch den Versuch sehen wollen, die Oberflächlichkeit des Lebens in der Niedergangszeit des Ancien Régime anzuprangern.[19]

Allen moralistischen Einwänden zum Trotz machte *Così fan tutte* – ebenso wie die anderen großen Opernwerke Mozarts – seinen Weg durch die Opernhäuser Europas; nach Amerika allerdings gelangte es damals nicht; dort kam es erst 1921 auf die Bühne. Im Rückblick wirkt es wie eine verspätete Hommage an das System vor der bürgerlichen Revolution. Auch wenn Anfang 1790, als *Così fan tutte* uraufgeführt wurde, der französische Staat unter dem Druck der revolutionären Ereignisse – der internen Machtkämpfe, des katastrophalen Autoritätsverlusts des Königshauses, des drohenden

---

[19] Dent, *Mozart's Operas*, S. 190; Joseph Kerman, *Opera as Drama* (1956; Taschenbuchausgabe 1959), S. 201.

Staatsbankrotts, der Unheil verkündenden Beteiligung breiter Volksmassen an den politischen Entscheidungsprozessen – zusammenbrach, erschien die Französische Revolution noch nicht als der epochemachende Bruch mit der Vergangenheit, als der sie bald schon angesehen werden sollte. Es gab durchaus noch ein Publikum, das Zeit für frivole Vergnügungen hatte, zumal wenn ein Genie für die frivole Lustbarkeit sorgte.

Dennoch war der Anklang, den *Così fan tutte* in Wien fand, nicht etwa bloß der apolitischen Vergnügungssucht der Opernbesucher geschuldet. Schließlich war da die spielerische und allem Anschein nach unerschöpfliche Lieblichkeit der Musik; wie Mozart-Forscher bereits früh bemerkten, ist die Oper eine einzige Kette von Ensembleszenen. Edward Dent, der sie gezählt hat, kommt auf »elf Arien, sechs Duette, fünf Trios, ein Quartett, zwei Quintette, ein Sextett und zwei große Finale, die beide mit jeder nur denkbaren Stimmenkombination aufwarten«.[20] Der Hörer kann sich unschwer vorstellen, mit wie viel Vergnügen Mozart seine Virtuosität spielen ließ, und kann die Liebhaber der Mozart'schen Musik verstehen, die keinen Anstand genommen haben, *Così fan tutte* als die mustergültige Oper zu bezeichnen. Während der Streit um *Così fan tutte* weitergeht, gibt es Leute, die mit guten Gründen die Ansicht vertreten, diese Oper zähle zu den köstlichsten musikalischen Werken, die jemals geschrieben wurden.

---

[20] Dent, *Mozart's Operas*, S. 201.

Die letzten beiden Opern Mozarts, die in seinem Todesjahr uraufgeführt wurden, könnten sich von den dreien, die er zusammen mit da Ponte schrieb, gar nicht stärker unterscheiden: sie sind eine Rückkehr zu den Opern, die er ein Jahrzehnt zuvor komponierte. *Die Zauberflöte* ist ein Singspiel, das auf Deutsch gesungen wird, während die Zwischentexte, ähnlich wie bei der E*ntführung aus dem Serail* gesprochen werden, nur dass der Inhalt weit tiefgründiger ist. *La clemenza di Tito* ist eine Opera seria, die ihre Vorgängerin, *Idomeneo*, überragt. Es ist, als würde Mozart einen Kreis schließen und seine ersten Bühnenerfolge noch einmal erleben. Naturgemäß weisen diese abschließenden Kompositionen einen anderen Grad an Vollkommenheit auf; der Mozart von 1791 war nicht mehr der von 1781. Aber die Familienähnlichkeit ist ebenso erstaunlich, wie die Fortschritte, die er seitdem gemacht hatte, bemerkenswert sind. In der *Zauberflöte* muss der Zuhörer um der Musik willen die Handlung zu verstehen – oder, vielleicht besser noch, auszublenden – suchen. Mozarts Librettist war in diesem Fall Johann Emanuel Schikaneder, ein Theaterdirektor, der vorzugsweise volkstümliche Stücke in deutscher Sprache aufführte. Er hatte sich aus absolut ärmlichen Verhältnissen hochgearbeitet und hatte als Violinist, Schauspieler oder auch Librettist aus dem Effeff gelernt, den Hang der Wiener für musikalische Märchen und farbenfrohe Produktionen zu respektieren und auszubeuten, die in unbestimmten und oft auch gar nicht näher zu ortenden exotischen Ambientes spielten. Anflüge von Übernatürlichem und derber Humor waren bei diesen Volksopern sehr gefragt. Irgendwann zu Anfang des Jahres 1790 entwickelte Schikaneder eine Idee, die Mozart gefiel, obwohl ihm klar war, dass er sich in gesellschaftlichen Kreisen weit unter seinem gewohnten sozialen Niveau bewegte, wenn er für einen Impresario komponierte, der mit seinen Produktionen die breite Masse bediente. Aber er brauchte das Geld, da der neue Kaiser, Leopold II., der dem im Februar 1790 verstorbenen Joseph II. auf den Thron folgte, keine Anstalten machte, Mozart irgendwelche profitablen Aufträge zukommen zu lassen.

Nachdem er sich auf das Projekt eingelassen hatte, beabsichtigte Mozart, mit der *Zauberflöte* etwas Gewichtigeres als das Zeug zu schaffen, das Schikaneder seinem ungehobelten Publikum zuliebe gewöhnlich auf die Bühne brachte. Schikaneder war damit durchaus einverstanden. Wie Mozart war er Freimaurer, und ihre Oper sollte die Werte der Freimaurerei verherrlichen und den Weg in das von Natur, Vernunft und Weisheit beherrschte Reich der Tugend darstellen, den die freimaurerische Lehre zu weisen beansprucht. Deshalb ist der Text voll gestopft mit feierlichen Erklärungen, in denen es um die grundsätzliche Gleichheit von Bürgerlichen und Adligen – beiden ist unabhängig von ihrem gesellschaftlichen Rang die Würde des Menschseins gemeinsam –, um Selbstbeherrschung und Mäßigung als hohes Ideal und um die Notwendigkeit geht, sich des Beitritts zur Bruderschaft rationaler Menschenfreunde würdig zu erweisen. Mozarts Musik enthält erkennbare Anspielungen auf Freimaurerkantaten, deren einige aus seiner

Feder stammen. Der Ernst dieser Thematik vermochte Schikaneder allerdings nicht davon abzuhalten, auch Theatergags unterzubringen wie etwa wilde, angriffslustige Schlangen, Vergewaltigungsversuche, Gerätschaften mit geheimnisvollen Kräften (man denke an die Zauberflöte, die wilde Tiere besänftigen und zum Tanzen bringen kann), mystische Rituale und großen Bühnenzauber einschließlich einer feierlichen Priesterprozession.

Nach ebenso einschneidenden wie wirren Veränderungen am Libretto verlegte Schikaneder die Handlung ins alte Ägypten und machte Sarastro, einen tiefen Bass, zum Verkünder der freimaurerischen Ideale; als Hohepriester der Isis und des Osiris steht er einer Bruderschaft vor, die einer Freimaurerloge ähnelt. Der Held, Prinz Tamino, trifft auf die Bruderschaft, während er nach Prinzessin Pamina sucht, die von Sarastro gefangen gehalten wird und in die sich der Prinz auf den ersten Blick – er galt einem Miniaturbild von ihr – verliebt hat. »Dies Bildnis«, singt er, »ist bezaubernd schön.« Wie Don Giovanni einen Leporello an seiner Seite braucht, so findet Tamino seinen treuen, unterhaltsamen und großmäuligen Diener im Vogelfänger Papageno, der sich nach einer Frau sehnt, die ihm gleicht.

Die Geschichte ist hoffnungslos verwickelt und voller Widersprüche. Nur so viel sei gesagt, dass Tamino in die Bruderschaft aufgenommen wird und seine Prinzessin findet und sich in ihrer Gesellschaft beziehungsweise mit ihr als Führerin einer Reihe von Prüfungen unterzieht, die dem Zweck dienen, die Standhaftigkeit der beiden auf die Probe zu stellen, und unter anderem ein Schweigegebot einschließen. Unglücklicherweise fasst Pamina (die sich ebenso prompt in Tamino verliebt hat wie er in sie) sein Schweigen als Zurückweisung auf und will sich das Leben nehmen – woran sie natürlich gehindert wird. Wie zu erwarten, überwindet das Paar erfolgreich alle Hindernisse, die ihnen falsche Freimaurer in den Weg legen, und wird auf immer vereint. Auch Papageno bekommt, wonach er sich sehnt: Papagena.

Die Musik trägt alles, so groß die Anforderungen auch sind, die das zusammengewürfelte Ensemble von unvereinbaren Charakteren und das seichte humanitäre Salbadern an Mozarts Fähigkeit stellen, von einem Gesangsstil in den anderen überzuwechseln: Da gibt es Lieder um Liebe und Verlangen, die aus Mozarts Zeit mit da Ponte stammen könnten, komische Lieder, die Raum für possenreißerische Szenen schaffen, zwei wegen ihres Anspruchs an die Stimme gefürchtete Koloraturarien und schließlich hymnische Gesänge. Diese Hymnen stießen sogar bei einem so irreligiösen Zuhörer wie Bernard Shaw auf Resonanz: »Ich bin hochgradig empfänglich für die Wirkung aller religiösen Musik, unabhängig davon, zu welcher Kirche sie gehört; aber die Musik meiner eigenen Kirche, für die mir die gleiche Parteilichkeit gestattet sei wie anderen Menschen für die ihre, findet man in der *Zauberflöte* und in der Neunten Sinfonie.«[21] Egal also, ob man das Libretto vertretbar findet oder nicht, aller hitzigen Konkurrenz um die Aufnahme ins beschränkte Repertoire

---

[21] G. B. Shaw, 8. März 1893, *Music in London*, 1890–94, 3 Bde. (1932), Bd. 2, S. 261.

zum Trotz, behauptet *Die Zauberflöte* auch auf den heutigen Opernbühnen ihren Platz.

Das Gegenteil widerfuhr *La clemenza di Tito*, dem Schwanengesang des Opernkomponisten Mozart; das Werk fand bei seiner Uraufführung eine geteilte Aufnahme und wird heute selten auf die Bühne gebracht, auch wenn einige seiner Nummerarien noch als Konzertstücke dienen. Es wurde in aller Eile – das meiste davon in rund drei Wochen – für die Krönung Leopolds II. zum König von Böhmen niedergeschrieben und in Prag, wo die Krönung stattfand, uraufgeführt. Wenngleich es eine Reihe herrlicher Arien enthält, ungewöhnliche Instrumente wie das Bassetthorn zu Ehren bringt und dem Chor eine verstärkte, markant dramatische Rolle zuweist, reichte dies alles nicht hin, der Oper als Ganzem das Überleben zu sichern. Man hat die Ansicht vertreten, das Libretto sei von staatlicher Seite als Propagandastück erkoren worden, um den republikanischen Parolen, die aus Frankreich herüberdrangen, das Ideal des legitimen Herrschers entgegenzusetzen: Die Französische Revolution zog mehr und mehr die Aufmerksamkeit breiterer Bevölkerungskreise im Habsburger Reich auf sich. Aber ganz abgesehen von der möglichen Verwendung der Oper zu politischen Zwecken, konnte der Freimaurer Mozart schwerlich etwas gegen ein Drama haben, in dessen Zentrum das Thema Milde stand. Die Oper schildert Kaiser Titus als einen Menschen, den seine Großmut dazu bringt, sich über die Schranken der Pflicht, fast schon des gesunden Menschenverstandes, hinwegzusetzen; er begnadigt enge Freunde, die zum Tode verurteilt sind, weil sie eine Verschwörung gegen ihn angezettelt hatten. Von Herzen erleichtert, brechen alle in jauchzenden Gesang aus, und der Vorhang fällt. *La clemenza di Tito* feiert die Größe legitimer Macht, eine Größe, zu der die Fähigkeit gehört, dem Feind zu vergeben.

Obwohl Mozarts Opern ein breites Spektrum von Themen und Stilformen umfassen, weisen sie doch allesamt eine markante Ähnlichkeit auf. Vor allem ist ihnen, wie sich fast zu bemerken erübrigt, die Großartigkeit seiner Musik gemeinsam, gestützt durch das lebendige Gefühl für Dramatik, von dem sein gesamtes Werk Zeugnis ablegt. Selbst in weniger häufig aufgeführten Kompositionen warten Schätze darauf, gehoben zu werden: ein Quartett im dritten Akt von *Idomeneo* oder der Schluss des ersten Aktes von *La clemenza di Tito*, wo vier Solosänger und der Chor den seelischen Aufruhr der Verschwörer ausloten.

Zu Mozarts packendsten Schöpfungen gehören die Frauenrollen. Seine ganze Laufbahn hindurch schrieb Mozart großartige Musik für Sopranstimmen, die nicht einfach nur das stimmliche Können der Diven, mit denen er in München, Wien oder Prag zusammenarbeitete, unter Beweis zu stellen diente, sondern die außerdem interessanten, oft bewunderungswürdigen Charakteren Ausdruck verlieh. Diese Frauenrollen erinnern an Heldinnen Shakespeare'scher Komödien, an eine Beatrice oder Rosalinde: sie können sich an Klugheit, Energie und Mut mit ihren Männern messen und sind ihnen darin manchmal sogar überlegen. Man munkelte über angebliche (durchaus denkbare, wenn auch unbewiesene) Affären Mozarts mit Sängerinnen, zumal mit der englischen Sopranistin Anna (genannt Nancy) Storace, die bei der Rolle der Susanna Pate stand. Wie dem auch sei, Mozart erwies sich in seinen Opern als Bewunderer der Frauen. Blondchen, Konstanzes Zofe in der *Entführung aus dem Serail*, ist das Musterbild einer lebhaften, freiheitsbewussten Engländerin, die sich vor niemandem fürchtet. Ilia, die Heldin in *Idomeneo*, ist in ihrem Verlangen wie in ihrer Treue ihrem Liebhaber mehr als ebenbürtig. Donna Elvira in *Don Giovanni* mag in dieser Liste deplatziert anmuten: als unsterblich in Don Giovanni verliebte Hysterikerin macht sie eine einigermaßen lächerliche Figur. Aber wie Don Giovanni selbst ist sie eine eigene Persönlichkeit: Ihre Seelenqual und ihre starrsinnige Weigerung, den Charakter ihres Exliebhabers zur Kenntnis zu nehmen, werden großartig herausgestellt; man sieht eine Frau, die sich an die eine und einzige Erfahrung klammert, die sie aus ihrer passiven Frömmigkeit herausgerissen hat. Bereit, sich den Tod zu geben, falls Prinz Tamino sie nicht mehr liebt, ist in der *Zauberflöte* Prinzessin Pamina die treibende Kraft beim Bestehen der Prüfungen. Und Despina, die Zofe in *Così fan tutte*, gehört ebenfalls auf diese Liste. Wahrhaftiger und offener als ihre Herrinnen, die sie schockiert, weil sie ihre geheimen Wünsche in Worte fasst, ist sie in der Oper die einzige Frau mit Grips.

Die bemerkenswerteste aller Mozart'schen Frauenfiguren ist natürlich Susanna in *Le nozze di Figaro*. Obwohl weit weniger bewandert in den Geschäften der Welt als ihr geliebter Figaro, ist sie doch hellsichtiger als er, was die Gelüste des Grafen betrifft; mit dem ganzen Geschick der Dame von Welt, die sie nicht ist, bewahrt sie sich für ihren Verlobten, indem sie den Grafen kokett hinhält; zusammen mit ihrer Freundin, der Gräfin, stellt sie ein bisschen Verruchtheit in den Dienst der guten Sache und arrangiert ein kleines Täuschungsmanöver, das den Grafen Almaviva entlarven soll; auf eigene Faust verpasst sie gleich noch Figaro eine milde Strafe für seine ungerechtfertigte Eifersucht. Sie ist »nur« ein Dienstmädchen, wenn auch das einer Gräfin, aber sie beträgt sich mit einer Würde, die jeder Dame aus dem Bürgerstand zur Ehre gereichen würde. Man fragt sich, welche Erfahrungen oder welche dichterische Freiheit es Mozart gestatteten (da Pontes Mitwirkung nicht zu vergessen), eine so absolut liebenswerte junge Heldin zu schaffen – vielleicht sind seine Frauenfiguren Widerspiegelungen der jungen Constance Weber oder ihrer Schwester Aloysia, die Mozart liebte, ehe er ein Auge auf Constanze warf; oder vielleicht verdanken sie sich dem Eindruck, den die eine oder andere der faszinierenden Sopranistinnen auf ihn machte, mit denen er im Laufe der Jahre zu tun hatte.

Aber eine noch tiefer sitzende Obsession scheint Mozarts kreative Kräfte in Gang zu halten: der Vater-Sohn-Konflikt. Zugegeben, dass dieser Konflikt ein geläufiges dramatisches Thema bildete; zugegeben auch, dass Mozart nicht in jedem Fall die Handlung seiner Stücke selber aussuchte oder erfand. Aber die Energie und der rasche, sichere Griff, mit dem er sich in seinen Opern dieses Motivs bemächtigte, sprechen dafür, dass er auf das Schauspiel einer Auseinandersetzung zwischen Vater (oder Vater-figur) und Sohn (mochte das Sohnesverhältnis leib-lich oder psychologisch sein) mit der starken Bereit-schaft reagierte, seine Dimensionen auszuloten. Die Väter in den von ihm vertonten Libretti weisen die verschiedensten Charaktere auf: so wird der Vater oft idealisiert, aber er kann auch zum Trotz heraus-fordern, unterliegen oder selbstzerstörerisch sein.

Dass sich die Gedanken des Opernkomponisten Mozart sattsam mit Vätern beschäftigten, ist offen-kundig. In *Idomeneo* überträgt der König seine herrscherliche Gewalt auf seinen Sohn Idamante. In *Le nozze di Figaro* sieht sich Graf Almaviva ver-dientermaßen zum Gespött gemacht und ist außer-stande, die Ehe zwischen Susanna und Figaro zu verhindern oder zu besudeln. In der *Entführung aus dem Serail* beweist Pascha Selim äußerste Großmut, indem er die jungen Liebenden, die sich in seiner Macht befinden, heiraten lässt, obwohl er selbst eine Neigung zur Braut gefasst hat. Das Thema brannte Mozart damals auf den Nägeln: Die Oper wurde im Juli 1782 aufgeführt, und einen Monat später heiratete er gegen die eines Selims un-würdigen Einwände seines Vaters Constanze We-ber. Und in *La clemenza di Tito* ist der Kaiser, wie schon bemerkt, ein Muster an Großherzigkeit – eine väterliche Erscheinung, deren Verzicht auf die Ausübung väterlicher Gewalt Mozarts Wunsch-fantasien entsprochen haben muss. Nur im *Don Giovanni* übt der Vater tatsächlich Rache: Vater-mord, gleichgültig, ob nur fantasiert oder wirklich vollzogen, verdient Bestrafung. Noch aus dem Grab verfolgte Leopold Mozart seinen Sohn.

Acht

DER KLASSIKER

Wie der Anfang des Mozart'schen Lebenslaufes sorgte auch sein Ende für zählebige Legenden. Was wir sicher wissen, ist dies: Irgendwann im Sommer 1791, vielleicht Anfang August, überbrachte ein Bote Mozart eine ausgefallene Bitte. Der Brief war nicht unterzeichnet, und der Überbringer ließ sich nichts entlocken; jeder Versuch, den Absender herauszufinden, werde, so versicherte er, vergeblich bleiben. Der unbekannte Mäzen gab bei Mozart eine Totenmesse in Auftrag, und Mozart nahm den Auftrag an, obwohl er nach der Flaute der späten Achtzigerjahre wieder bestens im Geschäft war.

Jahrzehnte später erinnerte sich Mozarts Witwe, er habe ihr oft erklärt, *»daß er diese Arbeit (nämlich die vom Anonymus bestellte) mit größtem Vergnügen unternehme, indem dies sein Lieblingsfach sey, welches er auch mit einem solchen Fleiße machen und componiren werde, daß seine Freunde und Feinde es nach seine Tod studieren werden ..., denn dies muß mein Meisterwerk und mein Schwanengesang seyn«.*[1] Falls diese Erinnerung überhaupt zutrifft, ging Mozart mit dem Begriff »Lieblingsfach« ziemlich freigebig um:

---

[1] Constanze Nissen an Abbé Maximilian Stadler, 31. Mai 1827, *Briefe*, Bd. 4, S. 491.

Wir haben guten Grund zu der Überzeugung, dass ihm die Komposition von Opern mehr am Herzen lag als irgendetwas sonst. Tatsache ist allerdings, dass er vor Kirchenmusik keineswegs zurückschreckte; nach den Jahren, die er im Dienste des Fürstbischofs von Salzburg verbrachte, war kaum zu erwarten, dass er dieses Genre völlig vernachlässigen würde. Das Köchelverzeichnis seiner Werke umfasst an die zwanzig komplette Messen und Fragmente von Messen, kurze und lange, sowie mehr als zwanzig sonstige Kirchenmusikstücke. Zugegeben, Charles Rosen hat einigermaßen streng über Mozarts Kirchenmusik geurteilt und das meiste davon als »im Vergleich mit den großen säkularen Werken schablonenhaft, weniger tief und sogar weniger sorgfältig durchgearbeitet« bezeichnet.[2] Das Requiem aber, ein Meisterwerk in kontrapunktischer Kompositionstechnik, stellt Mozarts ehrgeizigsten Versuch und seine mit Abstand eindrucksvollste Leistung auf diesem Gebiet dar.

Daran ändert auch nichts die Tatsache, dass Mozart nicht mehr lange genug lebte, um das Auftragswerk zu vollenden. Es gelang ihm noch, einen Großteil des ausgedehnten Werkes niederzuschreiben beziehungsweise Skizzen in hinlänglicher Zahl und Ausführlichkeit zu hinterlassen, um einem anderen Komponisten die Einfügung von Orchestrierungen und Stimmenparts relativ leicht zu machen. Dennoch bleiben Lücken, besonders im zweiten Teil des Werkes: das *Lacrimosa* bricht nach ein paar Takten ab, und die letzten drei Sätze – das *Sanctus*,

---

[2] Rosen, *Classical Style*, S. 368.

das *Benedictus* und das *Agnus Dei* – scheint Mozart überhaupt nicht in Angriff genommen zu haben. Glücklicherweise hat sein begabter Schüler Xaver Süssmayr, selber nur ein zweitklassiger Komponist, die Lücken ausgefüllt und sich dabei bemüht, seine Beiträge dem Mozart'schen Spätstil anzupassen. Es spricht für den Erfolg seiner Bemühungen, dass der genaue Umfang seines Anteils am Requiem nach wie vor ein Streitpunkt ist. Süssmayr hatte guten Grund zu der Annahme, dass er der rechte Mann für diese Aufgabe war: Etliche Jahre nach Fertigstellung des Requiems gab er die Erinnerung zu Protokoll, dass Mozart mit ihm häufig über das Werk gesprochen habe, auch über die Instrumentierung, so dass er ziemlich genau wusste, was sich Mozart vorstellte.[3] Süssmayr war bestrebt, anonym, ja, unsichtbar zu bleiben, und dies ist ihm auch weitgehend gelungen.

Dass der merkwürdige Auftrag Mozart so kurz vor seinem Tode erreichte – er starb am 5. Dezember 1791, rund vier Monate nachdem er den geheimnisvollen Brief erhalten hatte –, gewinnt in den Augen der meisten seiner Biographen eine faszinierende symbolische Bedeutung: ein Todgeweihter, der eine Totenmesse schreibt! Niemetschek, dem wir den ersten Bericht von dieser Geschichte verdanken, machte auch gleich den Anfang mit der Mythenbildung. »Am Tage seines Todes«, schreibt er, »ließ er sich die Partitur an sein Bette bringen … ›Hab ich es nicht vorgesagt, daß ich dies Requiem für mich schreibe?‹ so sprach er, und sah noch ein-

---

[3] Küster, *Mozart*, S. 410.

mal das Ganze mit nassen Augen aufmerksam durch. Es war der letzte schmerzvolle Blick des Abschiedes von seiner geliebten Kunst – eine Ahnung seiner Unsterblichkeit!«[4]

Das ist eine Erdichtung auf der Basis unbeglaubigter Anekdoten; Niemetschek war nicht an Mozarts Totenbett. Dass Mozart sich mit seiner Musik unsterblich gemacht hatte, ließ sich unschwer voraussagen; die Zeitgenossen empfanden seinen Tod als schweren Verlust und veröffentlichten Lobpreisungen, wie sie Mozart zu Lebzeiten gut hätte brauchen können. Joseph Haydn, der besser als jeder andere qualifiziert war, den ungeheuren Verlust zu ermessen, hielt sich damals in London auf und schrieb in Reaktion auf die Todesnachricht: »Ich war über seinen Tod eine geraume Zeit ganz außer mir und konnte es nicht glauben, daß die Vorsicht so schnell einen unersetzlichen Mann in die andere Welt fordern sollte.«[5] Die künftigen Biographen fingen an, Material über Mozarts Leben zusammenzutragen. Die Zeitungen wetteiferten um die erlesensten Attribute, den Ruhm des größten aller Meister und des berühmtesten aller Komponisten zu verkünden. Verleger bereiteten die Herausgabe seiner gesammelten Werke vor. Und in der Stadt Prag, zu der er immer eine besondere Beziehung gehabt hatte, setzte das Orchester des Prager Nationaltheaters »zur Bezeugung seiner unbegrenzten Verehrung und Hochachtung« eine feierliche Messe aufs Pro-

---

[4] Niemetschek, *W. A. Mozart's Leben*, S. 35.
[5] Haydn an Michael Puchberg, Januar 1792, in: Deutsch, *Mozart*, S. 382.

gramm und führte sie mehrfach vor einem zahlreichen, verständnisinnigen Publikum auf.[6]

In Wirklichkeit aber ist die Geschichte von Mozarts Requiem prosaischer, als Niemetschek sie erscheinen lässt. Offenbar wussten ein paar Eingeweihte schon bald nach Mozarts Tod, wer der Auftraggeber war – jedenfalls behaupteten sie das später –, nur brauchte es einige Zeit, bis die wahre Identität des »Anonymus«, wie Mozarts Witwe ihn beharrlich nannte, einer breiteren Öffentlichkeit bekannt wurde. Es handelte sich um Graf Walsegg, einen Logenbruder und Bekannten Mozarts, der still und heimlich eine Kollektion von Werken zusammentrug, die er bei einer Reihe von Komponisten in Auftrag gab und dann kopieren ließ, um sie bei Privatkonzerten, die er regelmäßig veranstaltete, als seine eigenen zu präsentieren. Der Auftrag, den Mozart erhielt, war mit Abstand das umfänglichste Werk, das Walsegg je »komponiert« hatte; Walseggs Frau war zu Beginn desselben Jahres gestorben, und er wollte zu ihrem Gedächtnis eine Totenmesse aufführen. Mozart war lediglich der bedeutendste unter den musikalischen Soldschreibern, die er beschäftigte. Kurz, an dem Auftrag war nichts Übernatürliches, nichts Gespenstisches oder Ominöses; es handelte sich bei ihm um nichts weiter als um den billigen Schwindel eines reichen, geltungssüchtigen Amateurs.

Mozarts letztes Lebensjahr ist oft als eine einzige lange Einstimmung auf den Tod beschrieben wor-

---

[6] Ebd., S. 374.

den. In dieser Zeit aber schrieb Mozart zwei Opern, ein Klavierkonzert, zahlreiche Menuette und Kontertänze, ein Klarinettenkonzert, eine Freimaurerkantate, zwei Quintette und den größten Teil des Requiems. Seine schöpferische Kraft war ungebrochen. Im Juni 1791 erzählte er seiner Frau, er habe »aus lauter langer Weile« eine Arie geschrieben.[7] Er reiste, er dirigierte, er besuchte mehrmals in der Woche die Oper. Er hatte nach wie vor ein Faible für fäkalsprachliche Witze, war glücklich, aus Prag zu erfahren, dass dort *Titus* unter großem Applaus aufgeführt worden war, besuchte in Wien Vorstellungen der *Zauberflöte*, freute sich lebhaft darüber, dass Nummern wiederholt werden mussten, und war am meisten über den »*Stillen beifall*« entzückt. Wir wissen, dass er Mitte Oktober Salieri in eine Aufführung der *Zauberflöte* mitnahm und mit Vergnügen die Bemerkung seines Gastes zur Kenntnis nahm, die Oper sei »würdig bey der größten festivität vor dem größten Monarchen aufzuführen«.[8] Er genoss auch weiterhin seine Mahlzeiten, seine Pfeife, sein Billard. Seinen letzten Brief an Constanze schrieb er am 14. Oktober; sein letzter Eintrag in die Liste der Kompositionen, eine *Kleine Freimaurer-Kantate*, stammt vom 15. November – alles Zeichen, dass es ihm gesundheitlich einigermaßen gut ging. Nach seinen Briefen zu schließen, war er vor seinem letzten Lebensmonat noch nicht dem Tode nahe.

---

[7] Mozart an seine Frau, 11. Juni 1791, *Briefe*, Bd. 4, S. 136.
[8] Mozart an seine Frau, 7., 8. und 14. Oktober 1791, ebd., S. 157, 162.

Was seine kompositorische Produktivität anging, war wenig Unterschied zum Tempo der vorangegangenen Jahre zu bemerken, außer vielleicht, dass er etwas hektischer wirkte. Und das könnte Folge seines seelischen Zustandes gewesen sein: Es gibt einige überzeugende Hinweise darauf, dass er das Komponieren mittlerweile als ein Betäubungsmittel einsetzte, als ein Mittel gegen seine Depressionen und gegen das beklemmmende Gefühl der Vereinsamung, das ihn inmitten von Menschen befiel. In einem rührenden Brief an seine Frau vom Juli 1791 – sie hielt sich wieder einmal in Baden, ihrem Lieblingskurort ganz in der Nähe von Wien auf – machte er seinem Herzen Luft und gestand ihr seine Einsamkeit und sein Gefühl der inneren Leere: »Du kannst nicht glauben wie mir die ganze Zeit her die Zeit lang um Dich war! – ich kann Dir meine Empfindung nicht erklären, es ist eine gewisse Leere – die mir halt wehe tut, – ein gewisses Sehnen, welches nie befriedigt wird, folglich nie aufhört – immer fortdauert, ja von Tag zu Tag wächst ...«[9] Wir haben bereits sehen können, dass er sich nicht nur nach seiner Frau als Bettgenossin, sondern auch nach ihrer mütterlichen Liebe und zärtlichen Berührung sehnte. Aber mochte er auch oft niedergeschlagen sein – todkrank war er nicht.

Ende August 1791 reiste Mozart in Begleitung von Constanze und Süssmayr nach Prag zu den Krönungsfeierlichkeiten für Kaiser Leopold II. und wohnte der Uraufführung von *La clemenza di Tito*

---

[9] Mozart an seine Frau, 7. Juli 1791, ebd., S. 150.

bei. Und während seines zweiwöchigen Aufenthalts dort, der angefüllt war mit Aufführungen seiner Werke, »kränkelte und medizinirte Mozart unaufhörlich«, wie Niemetschek berichtet; »seine Farbe war blaß und die Miene traurig«.[10] Bis in den Oktober indes scheint er zwischen Phasen melancholischen Brütens noch zu Anflügen der alten Vergnügtheit gefunden zu haben. Ab Mitte des Monats allerdings machten sich bei ihm Anzeichen seelischen Leidens bemerkbar, und seine Frau war nicht die Einzige, der das auffiel. Er wirkte depressiv und außerordentlich geistesabwesend, verfolgt von fixen Ideen. Seiner Frau gegenüber äußerte er die Vermutung, man habe ihn vergiftet; sie gewann die Überzeugung, das Requiem, an dem er geradezu besessen arbeitete, habe für ihn schicksalhafte Bedeutung gewonnen.

So jedenfalls behauptet seine Witwe, die letzten Wochen ihres Mannes erlebt zu haben, während sie dessen immer berühmter werdendes Erbe, seine Manuskripte, hütete – und verkaufte. Wie weit sie damit unbekannte Einzelheiten aus seinem Privatleben enthüllte oder ihren Beitrag zur Mozart-Legende leistete, lässt sich unmöglich entscheiden. Schon bald nach Mozarts Tod legte sie Erwerbssinn und Unternehmungsgeist an den Tag, besonders in ihren Verhandlungen mit Mozarts Verlegern. In ihrer neuen Rolle als Hinterlassenschaft eines anerkannten Genies war sie durchaus bereit, das Leben ihres verstorbenen Mannes dramatisch aufzubereiten. Mit anderen Worten, sie half mit, den rasch zu-

---

[10] Niemetschek, a. a. O., S. 34.

nehmenden Rummel um Mozart anzuheizen, und zog beträchtlichen finanziellen Vorteil daraus.

Mozarts letzte Krankheit mochte zwar durch psychische Leiden verschärft werden, aber sie war physischer Natur: Er erlitt einen Anfall akuten rheumatischen Fiebers. Um die Umstände von Mozarts Tod hat man ebenso heftig gestritten wie um viele Aspekte seines Lebens; mittlerweile aber ist sich die Wissenschaft darin einig, dass Mozart in früheren Jahren bereits mehrfach von rheumatischem Fieber befallen wurde und dass es sich bei seiner letzten Krankheit um eine Wiederkehr dieses Leidens in heftigerer und am Ende tödlicher Form handelte. Am 20. November 1791 ging er mit schmerzhaften Schwellungen in Armen und Beinen zu Bett, konnte seine Glieder nur noch mit Mühe bewegen und litt an Anfällen von Erbrechen. Fünfzehn Tage danach war sein Leben zu Ende.

Ein so rascher Verfall war zu Mozarts Zeiten keine Seltenheit, aber die Berühmtheit des Betroffenen regte die Fantasie der Verschwörungstheoretiker an. Nur eine Woche nach seinem Tod berichtete eine Musikzeitschrift in Berlin, nach Ansicht einiger Leute sei er vergiftet worden. Die üble Nachrede, der zufolge ein eifersüchtiger Salieri Mozart vergiftet habe, kam erst Jahrzehnte später auf; sie ist nicht weniger absurd als das ursprüngliche Gerücht. Wenn jemand Mozart umbrachte, dann waren es seine Ärzte, angesehene, durchaus bemühte Vertreter der Wiener Ärzteschaft; da sie aber die damals aufkommende Ablehnung der Praxis, Patienten zur Ader zu lassen, noch nicht teilten, schwächten sie die Abwehrkraft seines Körpers, indem sie ihm wiederholt Blut abzapften und ihm dabei wahrscheinlich mit ihren nicht sterilen Instrumenten eine Blutvergiftung verpassten.[11]

Mozarts Ärzte handelten nach bestem Wissen und Gewissen; als Kaiser Leopold II. rund drei Monate nach Mozart starb, ließen auch seine Ärzte ihn mehrfach zur Ader und bewirkten damit, wie einige aufgeklärte Kritiker des Verfahrens erkannten, dass er regelrecht verblutete. Aber die damalige Medizin pflegte leider betrüblich verfehlte Ansichten über die Funktionen und Fehlfunktionen des Körpers. Wenn also Mozarts Ärzte und deren Kollegen ihre tödlichen Kuren verordneten, dann verschärften sie oft eher die Krankheit, als sie zu lindern. Mozart zählte nur zu ihren renommiertesten Opfern.

Die Mythenbildung hörte auch nach Mozarts Tod nicht auf. Wie Biographen in neuerer Zeit zu Recht geltend gemacht haben, gibt es für die weit verbreitete Überzeugung, dass er in einem Armengrab anonym beerdigt worden sei, ebenfalls keine Grundlage; das Bild von der Leiche, die in einer stürmischen Winternacht ungeleitet zum Friedhof

---

[11] Siehe vor allem John M. Opitz, »Mozart's Sickness unto Death«, unveröffentlichter Beitrag zum Symposium »Mozart in Montana – A Humanistic 200 Years' Commemoration« (1991), sowie Anton Neumayr, »Wolfgang Amadeus Mozart – Krankheit, Tod und Begräbnis«, in: *Genie und Alltag: Bürgerliche Stadtkultur zur Mozartzeit*, hrsg. von Gunda Barth-Scalmani, Brigitte Mazohl-Wallnig, Ernst Wangermann (1994), S. 119–33.

gekarrt wird, ist reines Melodram. Warum diese Karikatur so zählebig war, lässt sich unschwer verstehen. Die traurige Vorstellung vom verkannten Genie hat etwas Anziehendes; man schöpft romantische Befriedigung aus dem Gegensatz zwischen dem einsamen Künstler und der philisterhaften Welt, in der er zu leben und zu sterben gezwungen ist: Wiens größter Künstler verscharrt ohne einen einzigen Fanfarenstoß, ohne die mindeste Würdigung – ein ideales Beispiel dafür, wie wenig Dank die Stadt ihren unsterblichen Söhnen weiß.

Die Wahrheit sieht einigermaßen anders aus. In jener Zeit, als Mozart starb, waren aufwändige, pompöse Begräbnisse stark verpönt; Joseph II. hatte sogar eigens ein Dekret dagegen erlassen. Die neue Schlichtheit, die auch eine Bestattung in Gemeinschaftsgräbern nicht ausschloss, stand im Einklang mit den antikirchlichen Überzeugungen und der Verachtung für »abergläubische« Rituale, wie sie die Denker der Aufklärung mit Unterstützung von Herrschern wie etwa den Kaisern des Habsburger Reiches hegten. Leopold II. – Bruder des 1790 verstorbenen Joseph II. –, in dessen Regierungszeit Mozart beerdigt wurde, beließ, zumindest fürs Erste, etliche Edikte seines Bruders in Kraft. Außerdem blieb die Bestattung Mozarts, so wenig aufwändig sie auch war, immer noch eine Stufe – wenn auch nicht mehr als das – über dem Armenbegräbnis. Und nach allem, was wir über Mozart wissen, dessen Überzeugungen von der katholischen Aufklärung mit ihrem Hauch von Antiklerikalismus sowie von seinen freimaurerischen Prinzipien geprägt waren, können wir annehmen, dass er nichts anderes gewollt hätte.[12] So traurig sein Ende war, die Armseligkeit, die ihm viele bescheinigen möchten, ist frei erfunden.

Die Aufnahme, die Mozarts Musik bei der Nachwelt fand, war mitnichten durchweg emphatisch. Wie gesehen, war den Zeitgenossen, die ihn betrauerten, mehr oder minder bewusst, dass ein großer Komponist gestorben war (keinem war das klarer als Haydn). Im Laufe der Jahre allerdings begannen die Bewunderer seiner Musik, mit ihrem Lob zu geizen. Wir haben bereits bemerkt, dass Mozarts Klavierkonzerte nicht genug Effekthascherei boten, um von einer Zeit, in der Virtuosität den Ton angab, nach Verdienst gewürdigt zu werden. Unter Opernbesuchern herrschte die Ansicht vor, *Così fan tutte* sei zu frivol, ja, zu obszön, um ohne wesentliche »Verbesserungen« auf die Bühne gebracht zu werden; es dauerte sage und schreibe hundert Jahre, ehe die Oper erneut in ihrer ursprünglichen Gestalt aufgeführt wurde. In seinen *Mémoires* berichtet Hector Berlioz, dem bei der bloßen Erinnerung noch die Galle hochsteigt, wie in Frankreich »Schwachköpfe« Mozarts Ouvertüre zur *Zauberflöte* entweihten, indem sie eigenmächtig etliche Takte hinzufügten, und wie sie Mozart »mit einer geschmacklosen Überarbeitung von Don Giovannis ›Champagnerarie‹, die aus ihr ein Trio für Bass und

---

[12] Zu diesem Punkt siehe die überzeugende Argumentation in Solomon, *Mozart*, S. 496–98.

zwei Soprane machte, »den Todesstoß versetzten«. [13]

In dieser Atmosphäre wurde Mozart zum Komponisten der *Kleinen Nachtmusik*, jener köstlichen, kultivierten späten Serenade, die doch zumindest im Vergleich mit seinen größten Kompositionen als ein relatives Leichtgewicht erscheint. Mozart wurde nun als ein fernes Genie behandelt, als ein Überbleibsel des *Ancien Régime*, als jemand mit gepuderter Perücke, dem ein romantischeres, weniger »klassisches« Zeitalter fremd gegenüberstand. In einem langen Brief aus Paris, den er 1832 an seinen Lehrer Karl Friedrich Zelter schrieb, wetterte Felix Mendelssohn gegen die dort herrschende Mode, Beethoven dadurch zu erhöhen, dass man auf seine großen Vorgänger herabsah: »... und das Herabwürdigen von Haydn und Mozart kann ich nun einmal nicht vertragen: es macht mich toll.« [14]

Wie Mendelssohn erkannten auch andere Komponisten jederzeit Mozarts Format. Beethoven hielt Mozarts Werk lange für unübertroffen, ehe er dann in seinen letzten Jahren Händel den Vorrang einräumte. Schubert begegnete den »Zauberklängen von Mozarts Musik« voll Ehrfurcht. [15] Robert Schu-

---

[13] Hector Berlioz, *Mémoires*, hrsg. von Pierre Citron (1859; 1864; 1991) S. 107.

[14] Felix Mendelssohn an Karl Friedrich Zelter, 15. Februar 1832, *Briefe aus den Jahren 1830–1847*, hrsg. von Paul Mendelssohn Bartholdy und Prof. Dr. Carl Mendelssohn Bartholdy, Leipzig 1875, S. 252.

[15] Maurice J. E. Brown, *The New Grove Schubert* (1980; überarb. Ausg., 1982).

mann sah Mozart zusammen mit Johann Sebastian Bach und Beethoven ein Dreigestirn musikalischer Genies bilden. Chopin hegte eine ebenso leidenschaftliche wie dauerhafte Vorliebe für Mozart. Das Gleiche galt für Tschaikowsky, der es der Begegnung mit Mozarts Musik zuschrieb, dass er Komponist geworden war. Brahms erklärte, wie bemerkt, *Le nozze di Figaro* für vollkommener als alles, was Beethoven je geschaffen habe. Für Richard Strauss war Mozart schlicht und einfach der »göttliche Mozart«; er weigerte sich, über ihn etwas zu sagen; er könne ihn nur anbeten.

Interessant zu wissen wäre, wie Mozart auf diese Lobeshymnen reagiert hätte, von denen etliche geradezu blasphemischen Charakter haben. Wie auf den vorangegangenen Seiten gezeigt, fehlte es ihm nicht an Selbstbewusstsein. Er betrachtete sich als einen »Menschen von superieuren talent«, der jedem Hof zur Ehre gereichen musste. Aber hätte er sich deshalb auch schon für ein alle überragendes Genie, vielleicht gar für den größten Komponisten aller Zeiten gehalten? Höchstwahrscheinlich wäre ihm das ganze Vergleichen und Denken in Rangordnungen verächtlich erschienen; ihm hätte es genügt, sich in Bachs und Haydns Gesellschaft zu wissen. Gekränkt hätte ihn aber vielleicht die herablassende Kritik, die im Zeitalter eines Meyerbeer, Liszt und Wagner an ihm geübt wurde und die ihm teils klassische Enthobenheit zum Vorwurf machte, teils unterstellte, er sei sein Leben lang ein Kind geblieben. Seine letzten Sinfonien und wichtigsten Opern wurden auch weiterhin aufgeführt, und er fand immer begeisterte Anhänger, aber das Gros der Musikliebhaber des 19. Jahrhunderts behandelte Mozart als reizvollen Vorläufer, als eine Verheißung, die allererst Beethoven vollständig erfüllt hatte.

Diese Vorbehalte gegenüber Mozarts Musik blieben nicht unwidersprochen. In den Neunzigerjahren des 19. Jahrhunderts war die Reaktion darauf bereits im vollen Gange. Ein Publikum, das den Bombast und die Pseudoreligiosität Wagners und der Wagnerianer leid war, meldete sich mit dem Schlachtruf »Zurück zu Mozart!« Um 1910 wurde Felix Weingartner, ein gefeierter Dirigent und weniger berühmter Komponist, noch deutlicher. Mozart, schrieb er, sei die Antwort auf die herrschende Misere der Musik, aber er müsse erst einmal wieder entdeckt werden, ehe voll gewürdigt werden könne, welche Bedeutung ihm für die Erneuerung der Musik zukomme: »Vorwärts zu Mozart!«[16] In gewisser Weise war die volle Anerkennung Mozarts offenbar eine Frage der persönlichen Reife. In seiner Autobiographie bekannte der große Dirigent Bruno Walter, der sich besonders als Förderer der Musik Mahlers einen Namen gemacht hat, im Rückblick auf die Anfänge seiner Dirigentenlaufbahn: »Nur Mozart, der mich doch später so beglücken und beherrschen sollte, stand mir noch fern – noch vermochte ich in seiner Lieblichkeit nicht seinen Ernst, in seiner Schönheit nicht seine Erhabenheit zu erkennen.«[17] Die Eleganz der Nach-Rokoko-Ära stellte nur die

---

[16] Felix Weingartner, »Zurück zu Mozart?« (ca. 1910), *Akkorde: Gesammelte Aufsätze* (1912).

[17] Bruno Walter, *Thema und Variationen. Erinnerungen und Gedanken*, Frankfurt a. M. 1988.

Oberfläche des Mozart'schen Schaffens dar. Diese Sichtweise wurde zum Leitfaden der Schule, die das »Vorwärts zu Mozart!« auf ihre Fahnen geschrieben hatte: Je mehr man erkannte, wie sehr Mozarts Musik ernst zu nehmen war, umso ernsthafter fiel die Beschäftigung mit ihm aus.

Dieses Umdenken hat seine betrüblichen Aspekte. Die fieberhaften Bemühungen, Mozart-Jubiläen zu nutzen, um den Komponisten in großem Stile zu vermarkten, haben ihn wie so vieles zu einem Spielball der Konsumsphäre gemacht. Der Gedanke ist ernüchternd, dass Leopold Mozart diesen Werberummel um seinen Sohn wahrscheinlich rückhaltlos begrüßt hätte. Aber die umfassende Rezeption Mozarts hat auch etwas gebracht. Es zählt zu den Leistungen, auf die das grauenvolle 20. Jahrhundert zu Recht stolz sein kann, dass es Mozarts Musik in ihrer Gesamtheit zu dem Rang verholfen hat, auf den sie Anspruch erheben kann.

Bibliographische Anmerkung

Mit seinen Biographen hat Mozart Glück gehabt. Die erste, ebenso anekdotische wie kurze Lebensbeschreibung, Informationsquelle für einige höchst wichtige (und einige fantasievoll ausgeschmückte) Geschichten, trägt den Titel *Leben des K. K. Kapellmeisters Wolfgang Gottlieb Mozart nach Originalquellen beschrieben* (1798; 2. Aufl. 1808) und stammt von Franz Xaver Niemetschek, einem Prager Verehrer Mozarts. Demgegenüber beeindruckt die neueste vollständige Biographie, *Mozart: A Life* (1995) von Maynard Solomon, durch ihre psychoanalytische Sicht und durch die meisterhafte Behandlung des musikalischen Stoffes; das Buch geht großartig ins Detail (es umfasst über sechshundert Seiten und enthält unter anderem eine äußerst instruktive Schätzung der Einnahmen Mozarts für jedes einzelne Jahr) und ist eindrucksvoll recherchiert; es berichtet ebenso aufschlussreich über seine berufliche Laufbahn, wie es tief schürfend über sein Innenleben informiert. Die vorliegende Biographie steht zumal mit ihrer Behandlung des allgegenwärtigen Vater-Sohn-Konflikts tief in der Schuld der grundlegenden Arbeit Solomons. Florian Langegger, *Mozart, Vater und Sohn: Eine psychologische Untersuchung* (1978; 2. Aufl. 1986), enttäuscht demgegenüber.

Weitere Lebensbeschreibungen, die Beachtung verdienen, sind Otto Jahns zu Recht gepriesenes, viel zitiertes und reichlich ausgeschlachtetes Buch *W. A. Mozart*, 2 Bde. (1856; 4. überarb. Ausg., Hermann Deiters, 1905–1907), sowie Théodore de Wyzewa und Georges de Saint-Foix, *Wolfgang Amédé Mozart: Sa vie musicale et son œuvre*, 5 Bde. (1912–1946), das seine erschöpfende Analyse von Mozarts musikalischem Umfeld besonders wertvoll macht, und die gedankenreiche, anregende Studie des bedeutenden Mozart-Forschers Alfred Einstein, *Mozart. Sein Charakter. Sein Werk*, Stuttgart 1953, die zugunsten thematischer Schwerpunkte die Chronologie hintanstellt. *Mozart* von Wolfgang Hildesheimer, einem Essayisten, Autor von Kurzgeschichten und Übersetzer, ist ein grüblerisches Buch (Solomon spricht von einer »locker strukturierten Meditation«), bietet aber bei all seinen Eigenheiten ein sinnreiches, wenngleich Widerspruch herausforderndes Porträt. Zwei lesbare kurze Lebensbeschreibungen sind *Mozart: The Man and His Works* (1938) von W. J. Turner, das Mozarts Briefe mit Gewinn auswertet, und *The New Grove Mozart* (1983) von Stanley Sadie, das einen nützlichen Katalog der Werke Mozarts enthält.

Ein besonders wichtiges Thema im Zusammenhang mit der Legendenbildung um Mozart und mit den korrespondierenden Entmythologisierungsbemühungen sind die wirklichen Vorgänge bei seiner letzten Krankheit und seinem Tod. Meine Darstellung der Ereignisse stützt sich hauptsächlich auf zwei überzeugende Analysen: auf Anton Neumayr, »Wolfgang Amadeus Mozart – Krankheit, Tod und

Begräbnis«, in Gunda Barth-Scalmani, Brigitte Mazohl-Wallnig und Ernst Wangermann (Hrsg.), *Genie und Alltag: Bürgerliche Stadtkultur zur Mozartzeit* (1994), S. 119–133, sowie auf einen unveröffentlichten Aufsatz von John M. Opitz, »Mozart's Sickness unto Death« (1991).

Mozarts Leben und Werk sind reichlich in leicht zugänglicher Form dokumentiert. Siehe *Mozart: Die Dokumente seines Lebens* (1961), gesammelt und erläutert von Otto Erich Deutsch, sowie Joseph Heinz Eibl, *Addenda und Corrigenda* (1978), und Jeremy Noble, *Mozart: A Documentary Biography* (1965), das trotz einiger Lücken sehr vollständig ist. Die kritische Ausgabe von Mozarts Korrespondenz (glücklich ergänzt durch Briefe seines Vaters und anderer, nebst zufrieden stellender Kommentare) ist über jeden Tadel erhaben: *Mozart: Briefe und Aufzeichnungen*, 7 Bde. (1962–1975), von Wilhelm A. Bauer, Otto Erich Deutsch und Joseph Heinz Eibl (Hrsg.), ein wahres Füllhorn, aus dem ich mit vollen Händen geschöpft habe. Emily Anderson (Hrsg. und Übers.), *The Letters of Mozart and His Family*, 3 Bde. (3. überarb. Aufl., Stanley Sadie und Fiona Smart, 1985), ist weniger erschöpfend, aber für Leser, die kein Deutsch können, wertvoll.

Die Flut von Spezialuntersuchungen zu Mozarts Werk und Leben ebbt nicht ab. (Siehe die fast vollständigen Bibliographien in Solomon (S. 593–610) und Sadie (S. 221–240). Ich nenne nur Titel, die für mich eine Rolle spielten. Die Opern findet man klug analysiert in Edward J. Dent, *Mozart's Operas: A Critical Study* (1913; 2. Aufl. 1947), einer schulmeisterlichen, ein bisschen verstaubten, aber außerordentlich lesenswerten Schrift. Siehe auch *Mozart's Operas* (1990) von Daniel Heartz (Hrsg.), mit Beiträgen von Thomas Baumann, eine elegante Aufsatzsammlung zu Themen wie »Donna Elvira and the Great Sextet« oder »Coming of Age in Vienna: *Die Entführung aus dem Serail*«. Brigid Brophy, *Mozart the Dramatist: The Value of His Operas to Him, to His Age und to Us* (1964; 2. überarb. Aufl. 1988), ist eine lebendige, erheiternde Polemik, die Mozart als ein Kind der Aufklärung vorstellt. Das Buch lässt sich in Verbindung mit *Mozart and the Enlightenment: Truth, Virtue and Beauty in Mozart's Operas* (1992) von Nicholas Till lesen, einer mehr ins Detail gehenden, akademischeren Schrift, die in dieselbe Richtung zielt. In diesem Zusammenhang ist auch die detektivische Arbeit von H. C. Robbins Landon, *Mozart and the Masons: New Light and the Lodge »Crowned Hope«* (1982), die mit Illustrationen versehene Veröffentlichung einer Walter-Neurath-Vorlesung, von Interesse; das Gleiche gilt für *W. A. Mozart als Freimaurer und Mensch* (1932, 1956) von Paul Nettl. Siehe auch Andrew Steptoe, *The Mozart-Da Ponte Operas: Cultural and Musical Background to Le nozze di Figaro, Don Giovanni und Così fan tutte* (1988).

Mit Mozarts Sinfonien beschäftigen sich Georges de Saint-Foix, *Les Symphonies de Mozart*, ins Engl. übers.: *The Symphonies of Mozart* (1947), Neal Zaslaw, *Mozart's Symphonies: Context, Performance, Practice, Reception* (1989), und Elaine R. Sisman, *Mozart: The »Jupiter«-Symphony No. 41 in C Major, K. 551* (1993) – Letzteres eine kurze, aber inhaltsreiche und anregende Monographie. Zu den Quartetten und seinen anderen zutiefst bewunderten und durchgängig viel gespielten Kammermusikstücken siehe vor allem A. Hyatt King, *Mozart Chamber Music* (1968; überarb. Aufl. 1986). Die wahrscheinlich maßgebende Untersuchung zu Mozarts herrlicher Klaviermusik bleibt Cuthbert M. Girdlestone, *Mozart's Piano Concertos* (1939; durchgesehen und erweitert, 1948); hinzuziehen sollte man auch Arthur Hutchings, *A Companion to Mozart's Piano Concertos* (1948; 2. Aufl. 1958). Im Laufe seiner langen, fruchtbaren beruflichen Karriere schrieb Donald Francis Tovey viele glänzende Kritiken zu Mozart'scher Musik; seinen herausragenden Beitrag zum Studium Mozart'scher Konzerte findet man nachgedruckt in *Essays in Musical Analysis: Symphonies and Other Works*, Bd. 3 (1936), S. 3–46. Zu Mozarts unvollendetem, geheimnisvollem Kirchenmusikwerk, dem Requiem, siehe vor allem Christoph Wolff, *Mozart's Requiem: Historical and Analytical Studies, Documents, Score* (1993). Über Mozarts Kirchenmusik im Allgemeinen informiert am besten R. G. Fellerer, *Die Kirchenmusik W. A. Mozarts* (1985). Eine äußerst fachspezifische Monographie von Alan Tyson, *Mozart: Studies of the Autograph Scores* (1987), weist unter anderem nach, dass sich auch bei Mozart der letzte vom ersten Entwurf durchaus abheben konnte.

Zur Einführung in die Welt des Komponisten Mozart erweist sich die dankenswert sorgfältige Arbeit von Philip G. Downs, *Classical Music: The Era of Haydn, Mozart, and Beethoven* (1992), als nützliche Hilfe. Darüber hinaus verfügen wir über die bewundernswerten langen Essays von Charles Rosen, die ich mit großem Gewinn gelesen habe; sie orten Mozart (dessen dunkle Seite Rosen würdigt) in seinem musikalischen Umfeld. Siehe *The Classical Style: Haydn, Mozart, Beethoven* (1971; 2. Aufl. 1976) und *Sonata Form* (1983). In seinem Buch *The Sonata in the Classic Era* (1963) trägt William S. Newman Mozart gebührend Rechnung. Mary Sue Morrows eindrucksvoll kenntnisreiche Schrift *Concert Life in Haydn's Vienna: Aspects of a Developing Musical and Social Institution* (1989) beleuchtet sehr gut die Musikszene, die Mozart nur zu gut kennen lernte. (Man kann sie zusammen mit dem ersten Band der *Geschichte des Konzertwesens in Wien,* 2. Bde. [1869], des berühmten Wiener Kritikers Eduard Hanslick lesen.) Zwei Untersuchungen von H. C. Robbins Landon, *Mozart: The Golden Years* (1991) und *1791: Mozart's Late Years* (1989), rücken in diesem Zusammenhang einige hartnäckige Legenden zurecht.

Von mehreren Aufsatzsammlungen über Mozart lohnt James M. Morris (Hrsg.), *On Mozart* (1994), ganz besonders. Zu den anregendsten Beiträgen des Buches zählen (um nur drei zu nennen) William J. und Hilda Baumol, »On the Economics of Musical Composition in Mozart's Vienna« (S. 72–101), Neal Zaslaw, »Mozart as a Working Stiff« (S. 102–112), und Leon Botstein, »Nineteenth-Century Mozart: The Fin-de-siècle Mozart Revival« (S. 204–226).

Neben den wichtigen Mozart-Biographien und den Beiträgen von Rosen informiert über Haydn die wenig aufregende, aber zuverlässige Biographie von Karl Geiringer, *Joseph Haydn: Der schöpferische Werdegang eines Meisters der Klassik* (1951; 2. neubearb. Aufl., 1986). Siehe auch H. C. Robbins Landon, *The Symphonies of Joseph Haydn* (1955). Alexander Wheelock Thayers kurze Schrift *Salieri: Rival of Mozart*, die Mitte der Sechzigerjahre des 19. Jahrhunderts entstand und von Theodore Albrecht 1989 neu herausgegeben wurde, sowie April FitzLyon, *Lorenzo da Ponte: A Biography of Mozart's Librettist* (1955; vollst. Ausg. 1982) müssen genügen, bis vollständigere Biographien erscheinen.

In den besseren Biographien finden sich Schilderungen des um die Mitte des 18. Jahrhunderts allgemeinen Milieus, in dem sich Mozart in Salzburg, Wien, Europa bewegte. Einige Beiträge in *Genie und Alltag* malen den Hintergrund genauer aus. Hervorzuheben sind Brigitte Mazohl-Wallnig und Josef Wallnig über das damalige Verkehrssystem, »Reisen zur Mozart-Zeit – die Mozarts auf Reisen« (S. 11–33), Mirko Herzog über die Kleidung, »Wenn unsere Damen die Hausfrau an den Nagel hängen« (S. 35–101), und Werner Rainer über die soziale Stellung von Musikern, »Zum Sozialstatus des Berufsmusikers im 18. Jahrhundert am Beispiel der Salzburger Hofmusik« (S. 243–258). Zu Prag gibt es das reizende Kapitel »Mozart in Prag« in Peter Demetz, *Prague in Black and Gold: Scenes from the Life of a European City* (1997). Zu Wien, das noch einer schlüssigen Behandlung harrt, siehe vor allem Ernst Wangermann, *The Austrian Achievement, 1700–1800* (1973).